숨겨진
성공 비법

숨겨진 성공 비법
마음의 뿌리를 키우는 지혜

초판 1쇄 발행 2025년 5월 8일

지은이	박찬근
발행인	권선복
편 집	권보송
디자인	김소영
전자책	서보미
마케팅	권보송
발행처	도서출판 행복에너지
출판등록	제315-2011-000035호
주 소	(157-010) 서울특별시 강서구 화곡로 232
전 화	0505-613-6133
팩 스	0303-0799-1560
홈페이지	www.happybook.or.kr
이메일	ksbdata@daum.net

값 22,000원

ISBN 979-11-93607-85-5 (03190)

Copyright ⓒ 박찬근, 2025

* 이 책은 저작권법에 따라 보호받는 저작물이므로 무단전재와 무단복제를 금지하며, 이 책의 내용을 전부 또는 일부를 이용하시려면 반드시 저작권자와 〈도서출판 행복에너지〉의 서면 동의를 받아야 합니다.
* 잘못된 책은 구입하신 곳에서 바꾸어 드립니다.

도서출판 행복에너지는 독자 여러분의 아이디어와 원고 투고를 기다립니다. 책으로 만들기를 원하는 콘텐츠가 있으신 분은 이메일이나 홈페이지를 통해 간단한 기획서와 기획의도, 연락처 등을 보내주십시오. 행복에너지의 문은 언제나 활짝 열려 있습니다.

숨겨진
성공 비법

단산 박찬근 지음

고전에서 답을 찾다 1

마음의 뿌리를 키우는 지혜

도서출판 행복에너지

▎프롤로그 ▎
삶의 지혜를 엮어낸 항해의 기록

　우리가 발을 딛고 살아가는 이 드넓은 세상은 수많은 질문과 마주하는 여정과 같습니다. '성공적인 삶'이라는 이상향을 향해 나아가는 길목마다 우리는 길을 묻고, 넘어지고, 다시 일어서기를 반복합니다. 때로는 찬란한 빛에 이끌리기도 하지만, 때로는 짙은 어둠 속에서 방향을 잃기도 합니다. 이 책은 바로 그 길 위에서 발견한 삶의 지혜들을 모아 엮은 항해의 기록입니다.

　첫 번째 닻을 올린 곳은 '성공적인 삶의 근본'입니다. 피상적인 열매가 아닌, 단단한 뿌리에서부터 시작되는 성공의 원리를 탐구합니다. 마음을 다스리는 지혜, 세상을 품는 너그러움, 그리고 진정한 통찰력을 키우는 방법을 모색하며, 성공의 가장 중요한 단 한 가지는 바로 우리 내면에 있다는 것을 깨닫게 합니다. '경이직내(敬以直內)'의 깊은 의미를 되새기고, '후덕재물(厚德載物)'의 가르침을 따라 마음의 그릇을 넓히는 여정을 함께합니다.

두 번째 여정은 '삶의 장애물 극복과 자기 관리의 지혜'를 향해 나아갑니다. 살아가면서 마주하는 수많은 난관과 유혹, 그리고 스스로를 옭아매는 부정적인 생각들을 어떻게 다스리고 극복할 수 있을까요? 분노와 욕망의 파도를 잠재우고, '허심평기(虛心平氣)'의 마음으로 내면의 평화를 찾는 여정을 안내합니다. '징분질욕(懲忿窒慾)'의 의미를 되새기며, 남 탓 대신 자신을 돌아보는 용기를 배우고, 삶의 지혜를 찾아가는 여정을 함께합니다.

세 번째 돛은 '성공의 비결과 리더십의 본질'을 향해 펼쳐집니다. 개인의 성취를 넘어, 타인과 함께 성장하고 세상을 긍정적으로 변화시키는 리더십의 가치를 조명합니다. 겸손함으로 자신을 낮추고, 역지사지(易地思之)의 마음으로 타인을 이해하며, 나눔과 베풂을 통해 더 큰 성공을 만들어가는 지혜를 이야기합니다. 훌륭한 리더는 정원사와 같다는 비유처럼, 섬세한 관심과 사랑으로 주변을 가꾸어 나가는 리더십의 본질을 탐구합니다.

　마지막으로, 우리는 '주역(周易)을 통한 통찰과 삶의 방향성'이라는 깊은 바다로 나아갑니다. 단순한 점괘를 넘어, 우주의 변화 원리를 담고 있는 주역의 지혜를 통해 삶의 흐름을 읽고 미래를 예측하는 통찰력을 키웁니다. 건괘(乾卦)의 시작부터 64괘의 다채로운 이야기를 따라가며, '원형이정(元亨利貞)'의 의미를 깨닫고, '미원복(未遠復)'의 메시지를 통해 잘못된 길에서 돌아서는 용기를 얻습니다. 마치 어둠 속의 빛과 같은 '포몽(包蒙)'의 지혜는 우리가 마주하는 세상의 불확실성을 헤쳐나갈 수 있도록 인도합니다.

　이 책에 담긴 177개의 작은 제목들은 마치 밤하늘의 별처럼 흩어져 있지만, 각각의 이야기는 삶이라는 거대한 우주를 항해하는 우리에게 빛나는 지표가 되어줄 것입니다. 때로는 잔잔한 파도처럼 마음을 어루만지고, 때로는 거친 폭풍우처럼 우리를 단련시키며, 마침내 우리 안의 나침반이 가리키는 진정한 성공의 길로 안내할 것입니다. 이제, 이 지혜의 항해에 함께 동참하시겠습니까?

2025년 평택 거경재(居敬齋) 주인
단산(檀山) 박찬근(朴贊謹) 근지(謹識)

■ 차례 ■

프롤로그　　　　　　　　　　　　　　　　4

Part 1
성공적인 삶의 근본:
마음과 경(敬)의 중요성

숨겨진 성공 비법, 마음의 뿌리를 키우는 지혜	13
성공적인 삶을 위한 가장 중요한 단 한 가지	18
왜 경(敬)이 우리 삶을 바꿀까?	22
왜 땅은 모든 걸 품을 수 있을까?	25
진정한 통찰력을 키우는 법	27
성공적인 삶, 의리에서 시작됩니다	31
마음의 평화를 위한 작은 명상	36
나와 너, 우리 모두 하나	40
성공한 사람들의 비밀, 인(仁)에 있다	45
속마음으로 기뻐하며 순응하는 삶	51
세상을 바꾸는 작은 실천	55
겉과 속이 아름다운 사람	60
죽음의 문턱에서 살아남는 법!	67

Part 2
삶의 장애물 극복과 자기 관리의 지혜

화를 다스리는 지혜	77
나쁜 생각을 막아라	80
왜 욕심을 버려야 할까?	84
왜 자랑은 금물일까?	88
욕심은 고통의 씨앗	92
나를 가두는 틀을 깨고 나가라	95
화를 다스리고 욕심을 버리면 행복해진다	99
나를 변화시키는 작은 실천	103
남 탓 대신 나를 탓하는 용기	109
당신의 삶을 바꿀 세 가지 질문	113
삶의 지혜를 찾는 여정	118
인생의 시련을 어떻게 극복할 것인가?	122
걸림돌을 털어내고 미래를 향해 나아간다	126

Part 3
성공의 비결과 리더십의 본질

곽탁타전이 말하는 성공	**133**
나의 잠재력을 깨우다	**139**
당신 안에 숨겨진 무한한 가능성을 깨우라	**143**
사람을 움직이게 하는 힘	**147**
나를 낮추고 세상을 높이는 겸손의 리더십	**151**
왜 높은 자리에 오른 사람들은 고독할까?	**156**
성공한 사람들의 비밀, 역지사지(易地思之)	**161**
나눔과 베풂이 만드는 성공	**166**
훌륭한 리더는 정원사와 같다	**170**
사람을 만나도 만날 사람을 만나라	**174**
걸림돌을 극복하고 다시 일어서세요	**179**
성공의 칼날, 발등을 찍다	**183**
역사가 증명하는 진리, 권력은 무섭다	**187**

Part 4
주역(周易)을 통한 통찰과 삶의 방향성

주역이 말하는 성공의 비결 193
인생을 바꾸는 만남, 어떻게 찾을 수 있을까? 196
삶을 바꾸는 철학, 주역의 얼레 201
주역 건괘(乾卦)가 안내하는 성공의 길 212
나를 위한 맞춤형 인생 지침서 215
원형이정(元亨利貞)이 안내하는 성공의 길 220
틀린 길을 걷고 있다면, 돌아서라 224
인생의 주기, 당신은 어디에 서 있는가? 231
서리를 밟는 순간,
당신은 무엇을 준비하고 있나요? 236
당신의 삶을 바꿀 단 하나의 질문, 도학(道學) 242
나의 삶을 바꾸는 힘 249
어둠 속의 빛, 포몽(包蒙)으로 세상을 밝힌다 255
장점에 눈멀지 말라 261
더 나은 삶을 위한 선택 266
공자의 가르침과 소송(訴訟) 272
공정함이 만들어내는 아름다운 세상 277

Part 1

성공적인 삶의 근본: 마음과 경(敬)의 중요성

숨겨진 성공 비법, 마음의 뿌리를 키우는 지혜
성공적인 삶을 위한 가장 중요한 단 한 가지
왜 경(敬)이 우리 삶을 바꿀까?
왜 땅은 모든 걸 품을 수 있을까?
진정한 통찰력을 키우는 법
성공적인 삶, 의리에서 시작됩니다
마음의 평화를 위한 작은 명상
나와 너, 우리 모두 하나
성공한 사람들의 비밀, 인(仁)에 있다
속마음으로 기뻐하며 순응하는 삶
세상을 바꾸는 작은 실천
겉과 속이 아름다운 사람
죽음의 문턱에서 살아남는 법!

숨겨진 성공 비법,
마음의 뿌리를 키우는 지혜

마음의 뿌리를 깊게 내린 사람: 흔들리지 않는 겸손

겉으로 보이는 화려함보다 속으로 굳건하고 남을 존중하는 마음, 바로 겸손입니다. 마치 깊이 뿌리내린 큰 나무처럼, 진정으로 강한 사람은 쉽게 흔들리지 않습니다. 겸손한 마음은 자신을 낮추고 타인을 존중하는 태도에서 시작됩니다.

배움의 여정: 노력이라는 씨앗을 심어 성장시키다

옛 성인들의 가르침이 처음에는 어렵게 느껴질 수 있습

니다. 하지만 농부가 밭을 갈고, 기술자가 솜씨를 갈고닦듯, 우리도 목표를 향해 꾸준히 노력해야 합니다. 땀방울이 씨앗을 키우듯, 배우고 익히는 노력을 통해 우리는 성장이라는 열매를 맺을 수 있습니다.

마음을 다스리는 공부, 삶을 변화시키는 힘

많은 이들이 공부를 단지 시험 점수를 올리거나 남보다 앞서기 위한 수단으로 생각합니다. 하지만 참된 공부는 지식을 쌓는 것을 넘어, 자신의 마음을 바르게 하고 행동을 더 좋게 만드는 데 있습니다. 농부가 밭을 정성껏 가꾸듯, 우리는 공부를 통해 마음을 깨끗하게 하고 성숙시켜야 합니다. 결국, 마음을 다스리는 공부는 우리의 삶 전체를 긍정적인 방향으로 이끄는 힘이 됩니다.

끊임없는 자기 성찰: 어제보다 나은 나를 향하여

옛 성인들은 인간 본연의 착한 마음을 회복하는 것을 중요하게 여겼습니다. 우리 또한 그들의 가르침을 따라 끊임없이 자신을 되돌아보고 발전시켜야 합니다. 단순히 다른 사람보다 잘나기 위해서가 아니라, 어제의 나보다 조금이라도 더 나은 사람이 되기 위해 노력하는 것, 이것이 진정한 성장입니다. 내면의 성장은 겉으로 보이는 성공보다 훨씬 더 깊고 값진 결과를 가져다줍니다.

목표를 향한 꾸준한 발걸음 : 성숙이라는 열매를 맺다

화살을 쏠 때 정확한 과녁을 겨냥해야 하듯, 우리도 인생의 목표를 분명하게 설정해야 합니다. 그리고 그 목표를 향해 멈추지 않고 나아가야 합니다. 비록 성인처럼 완벽한 경지에 이르지 못하더라도, 목표를 향해 꾸준히 노력하는 그 과정 속에서 우리는 더욱 성숙한 사람으로 성장합니다. 그러므로 명확한 목표 설정과 꾸준한 노력은 우리를 발전시키는 가장 확실한 성공 비법입니다.

높이 자라도 변치 않는 뿌리, 겸손의 가치

하늘 높은 줄 모르고 치솟는 나무도, 아무리 높이 자란다 해도 그 뿌리는 땅에 단단히 두고 있습니다. 마찬가지로, 아무리 성공하고 높아진다 해도 겸손한 마음을 잃지 않아야 합니다. 스스로를 낮추고 겸손한 마음으로 세상을 살아갈 때, 우리의 고귀한 품성은 변함없이 빛날 것입니다. 겸손한 사람에게는 자연스레 사람들이 호감을 느끼고, 하늘도 그를 도우며, 어떤 어려움도 쉽게 꺾지 못합니다. 그러니 항상 겸손한 마음을 지니고 살아가야 합니다.

행동은 마음의 거울, 진정한 겸손은 향기처럼

아니 땐 굴뚝에 연기가 나지 않듯, 겉으로 드러나는 행동은 마음의 상태를 반영합니다. 억지로 꾸며낸 겸손은 오래가지 못합니다. 진정으로 겸손한 삶이 습관이 되면, 우리의 마음가짐과 행동 하나하나에 겸손함이 자연스럽게 스며듭니다. 이러한 진실된 겸손은 주변 사람들에게 깊은 울림을 주고, 좋은 평판으로 이어집니다. 가까이 다가가면 저절로 겸손함을 느낄 수 있는 사람, 바로 겸손함으로 세상을 감동시키는 사람입니다.

한 문장으로 핵심 이해

마음의 뿌리처럼 깊고 굳건한 겸손을 바탕으로 끊임없이 배우고 노력하는 사람이야말로 진정으로 성공하며, 그 겸손한 마음은 주변에 긍정적인 영향을 주고 더 나은 세상을 만드는 힘이 됩니다. 우리 모두 겸손을 배우고 실천하여 더욱 가치 있는 사람으로 성장해야 합니다.

성공적인 삶을 위한
가장 중요한 단 한 가지

잃어버린 마음을 찾아서 : 내면의 나를 만나는 여정

바쁘게 흘러가는 일상 속에서 우리는 종종 중요한 무언가를 놓치곤 합니다. 마치 아름다운 풍경을 스쳐 지나치듯, 혹은 책의 내용을 흘려 읽듯 말이죠. 맹자가 이야기한 '구방심(求放心)'처럼, 흩어진 마음을 다시 모아 자신을 깊이 들여다보는 시간이 우리에게 필요합니다. 끊임없이 변화하는 우리의 마음이지만, 소중한 물건을 찾듯, 잃어버린 마음 또한 되찾을 수 있습니다. 잠시 멈춰 서서 자신만을 위한 시간을 갖는다면, 우리는 진정한 자아를 발견하고 더욱 풍요로운 삶을 살아갈 수 있을 것입니다.

구방심: 흩어진 마음을 모아 진정한 나를 찾다

맹자의 '구방심'은 마치 집 나간 아이를 불러들이듯, 흩어진 마음을 다시 자신에게로 되돌리는 것을 의미합니다. 우리의 마음은 끊임없이 외부의 수많은 자극에 흔들리며, 갈대처럼 이리저리 흩어지기 쉽습니다. 하지만 이러한 흩어진 마음을 하나로 집중시켜야 비로소 우리는 진정한 자기 자신과 마주할 수 있습니다.

끊임없이 방황하는 마음, 공부를 통해 붙잡다

여행을 떠나면 자꾸만 새로운 곳으로 향하고 싶은 것처럼, 우리의 마음 또한 끊임없이 외부로 향하려 합니다. 아무리 좋은 책을 펼쳐도 집중하기 어렵고, 조용히 명상하려 해도 흩어진 마음은 자꾸만 밖으로 우리를 잡아끌죠. 예나 지금이나 수많은 현자들이 공부의 중요성을 강조하는 이유입니다. 그 방법은 다양하지만, 결국 자신이 깨달은 방법만이 진정으로 자신의 삶을 변화시킬 수 있습니다.

구방심의 깨달음 : 나를 찾아 떠나는 간절한 여정

저는 맹자를 좋아합니다. 맹자를 읽다 보면 '구방심(求放心)'이라는 구절이 나옵니다. 처음에는 그저 그런 글귀라고 생각했지만, 세월의 풍파를 겪으며 깨달았습니다. 내 몸은 이곳에 있지만, 내 마음은 마치 천 갈래 만 갈래로 찢어진 듯 방황하고 있다는 것을요. 문득 조용히 앉아 깊이 생각에 잠겼을 때, 아! 바로 이것이 '구방심', 나 자신을 찾아 돌아오는 가장 좋은 방법임을 깨달았습니다. 그 순간, 저도 모르게 눈물이 흘러내렸습니다.

잃어버린 마음을 찾는 노력, 소중한 나를 되찾는 길

우리는 소중한 핸드폰을 잃어버리면 온 사방을 헤매며 찾고, 심지어 다른 사람에게 전화번호를 알려주며 찾아달라고 애씁니다. 또, 집에서 키우는 반려동물이 보이지 않으면 온 집 안을 뒤지며 찾으려 합니다. 하지만 정작 우리 몸에서 떠나 방황하는 우리의 마음을 찾으려는 노력은 왜 하지 않을까요? 그 마음이야말로 진정 우리 삶의 주인이자 전부인데 말입니다. 이제부터라도 나를 찾는 공부의 소중함을 깨닫고, 잃어버린 마음을 되찾기 위해 끊임없이 노력하는 삶을 살아가고 싶습니다.

한 문장으로 이해하기

바쁜 일상 속에서 우리는 마치 소중한 물건을 잃어버린 듯 방황하는 마음을 되찾아, 진정한 자신에게로 돌아가는 '구방심'의 노력을 통해 내면의 평화를 찾고 더욱 가치 있는 삶을 살아야 합니다.

왜 경敬이
우리 삶을 바꿀까?

보이지 않는 질서를 존중하는 마음, 삶의 중심으로

우리는 살아가면서 좋은 일, 나쁜 일, 기쁜 일, 슬픈 일 등 다양한 경험을 합니다. 이 모든 경험은 우리 삶을 풍요롭게 하지만, 때로는 수많은 생각에 휩싸여 힘들어지기도 합니다. 이럴 때 필요한 것은 마치 복잡한 세상을 꿰뚫는 하나의 실처럼, 모든 것을 하나로 묶어주는 '마음의 중심'을 찾는 것입니다. 보이는 것 너머에는 보이지 않는 더 큰 이치가 숨어 있으며, 삶과 죽음, 크고 작음, 멀고 가까움, 깊고 얕음 등 세상의 모든 것은 이 하나의 중심으로 연결될 수 있습니다.

흩어지지 않는 한마음, '경(敬)'에 담긴 지혜

수많은 현자들이 이야기하는 그 '하나'는 바로 '공경할 경(敬)' 자에 담겨 있습니다. 지금으로부터 3천 년 전 주역에는 '경이직내(敬以直內)'라는 말이 나오는데, 이는 마음을 하나로 모아 흩어지지 않게 하는 것을 의미합니다. 이 '경'의 정신은 이후 대학과 중용에서 학문의 시작과 끝을 아우르는 중요한 가르침으로 이어집니다.

끊임없이 움직이는 마음, '경'으로 붙잡다

사람의 마음은 연잎 위의 물방울처럼 잠시도 가만히 있지 않고, 조금만 기울어져도 금세 흘러가 버립니다. 잡으려 하면 이내 달아나 버리는 마음은 그 방향과 머무는 시간이 일정하지 않아 다루기 어렵습니다. 그러므로 흩어지지 않는 한마음으로 온전히 붙잡아야 비로소 자신이 원하는 일에 집중할 수 있습니다.

마음의 중심을 채울 때, 당당한 삶을 살다

　수많은 선배 학자들은 '흩어지지 않는 그 마음', 즉 '경'으로 온몸을 채울 때, 홀로 있어도 부끄럽지 않고 수많은 사람 앞에서 당당하게 말하고 행동할 수 있는 멋진 삶을 살 수 있다고 가르칩니다. 이보다 더 큰 공부도, 더 큰 마음도 없을 것입니다. 이 마음의 본질은 무엇일까요? 깊이 생각해 봅니다.

한 문장으로 이해하기

　세상 모든 것에는 연결된 보이지 않는 큰 질서, 즉 이치가 존재하며, 이를 존중하고 마음을 하나로 모아 흩어지지 않게 하는 '경(敬)'의 마음을 가질 때, 우리는 흔들리지 않는 삶의 중심을 찾고 어떤 어려움에도 당당하게 맞설 수 있습니다.

왜 땅은 모든 것을
품을 수 있을까?

넓고 깊은 땅의 마음처럼, 모든 것을 포용하는 삶

땅은 높고 험준한 산도, 작고 여린 풀잎 하나도 차별 없이 품어 안고 귀하게 길러냅니다. 이처럼 우리 또한 땅의 넓은 마음을 본받아 세상의 모든 것을 너그럽게 포용하고, 어떤 어려움과 시련 속에서도 꿋꿋하게 견뎌내는 강인함을 길러야 합니다. 땅처럼 모든 것을 받아들이고 이해하는 마음으로 살아갈 때, 우리는 더욱 조화롭고 풍요로운 삶을 누릴 수 있을 것입니다.

하늘과 땅의 조화, 나와 너를 넘어 우리로

두터운 땅의 기운은 모든 것을 길러내고, 아무리 무거운 것이라도 넉넉히 지탱합니다. 하늘과 땅은 서로 반대되는 듯하지만, 하늘의 햇살이 있어야 땅에서 모든 생명이 자라나듯, 둘은 떼려야 뗄 수 없는 존재입니다. 어찌 하늘만을, 땅만을 이야기할 수 있겠습니까? 반드시 하늘과 땅을 함께 말해야 합니다. 사람도 마찬가지입니다. 남자와 여자를 따로 구분 짓지 않고 함께 이야기하고, 나와 너를 나누기보다 '우리'라고 말할 때, 비로소 위대한 지도자의 모습에 가까워질 수 있습니다.

한 문장으로 이해하기

후덕재물(厚德載物)의 의미처럼, 땅이 모든 생명을 품고 키우듯 우리도 넓은 마음으로 사람들을 이해하고 포용하며 세상에 기여해야 합니다. 땅이 묵묵히 자신의 역할을 다하듯, 우리 또한 남보다 앞서려 하기보다 주변을 돕고 세상에 헌신하며, 땅의 넉넉함과 인내를 본받아 어려움 속에서도 베풀고 나누는 삶을 살아갈 때 진정한 행복을 얻을 수 있습니다.

진정한 통찰력을
키우는 법

작은 변화 속 숨겨진 큰 흐름을 읽다

우리 주변에서는 매일 작은 변화들이 속삭입니다. 마치 숲 속 나뭇잎의 미묘한 색 변화처럼, 무심코 지나치기 쉽습니다. 하지만 예리한 눈으로 이러한 작은 조짐들을 주의 깊게 관찰하면, 거대한 세상의 흐름을 감지할 수 있는 통찰력을 얻게 됩니다.

제비의 날갯짓에서 봄의 저묾을 보다

요즘 학생들에게 봄의 시작을 물으면 다양한 대답이 나

옵니다. 3월, 4월, 심지어 5월이라고 답하는 학생도 있습니다. 이는 음력과 양력의 기준을 명확히 이해하지 못하기 때문입니다. 계절의 기준은 반드시 음력이라는 대원칙을 기억해야 합니다.

음력으로 1, 2, 3월은 봄, 4, 5, 6월은 여름, 7, 8, 9월은 가을입니다. 따라서 음력 8월 15일, 한가위는 가을의 한가운데를 의미합니다. '한가위'의 '한'은 '한복판'처럼 중심을 뜻하고, '가위'는 가을에서 유래한 말입니다. 이처럼 음력 8월 15일이 가을의 중심이라는 것을 기억하면 계절을 헷갈릴 일은 없을 것입니다.

미세한 조짐에서 드러날 미래를 꿰뚫어 보다

작은 틈새로 스며드는 물방울이 결국 거대한 댐을 무너뜨리고, 작은 돌멩이에 맞은 자동차 앞 유리가 결국 깨져 사고를 유발하듯, 미세한 변화는 예측하지 못한 큰 결과로 이어질 수 있습니다. 눈에 보이지 않는 작은 소리나 감정의 흔들림이 사람들의 관계를 갈라놓기도 합니다. 봄이 오는 길목에서 버들강아지가 눈을 뜨고, 산수유꽃과 벚꽃이 온 세상을 화려하게 물들이는 것처럼, 세상의 변화는 작은 조짐에서 시작됩니다. 그러므로 현명한 친구여, '인미지저(因微知著)'라는 말을 깊이 새겨보십시오.

옛 성현들은 "제비는 음력 3월 3일, 삼짇날에 온다"고 했습니다. 이는 "견연춘모(見燕春暮), 제비가 보이니 봄도 저물어 가는구나!"라는 말처럼, 제비의 등장이 봄의 끝자락을 알리는 신호임을 의미합니다. 계절을 이야기할 때 초봄, 중춘, 늦봄이라고 표현하듯, '모춘'은 음력 삼월을 가리킵니다. 따라서 제비가 보이면 이미 음력 3월이므로 봄이 얼마 남지 않았음을 알 수 있습니다. 마찬가지로 "문안추심(聞雁秋深), 기러기 소리가 들리면 가을이 깊어가는 것을 알아야 한다"고 했습니다.

제비가 보이니 봄도 저물어가고,

기러기 소리 들리니, 가을도 깊어가는구나!

'견연춘모(見燕春暮) 문안추심(聞雁秋深)' 참으로 깊은 의미를 담고 있습니다.

한 문장으로 이해하기

마치 자연의 작은 변화, 제비의 출현으로 봄의 끝을 짐작하고 기러기 소리로 가을의 깊어짐을 느끼듯, 우리는 주변의 미세한 신호들을 주의 깊게 살펴 그 의미를 해석하고 미래의 흐름을 예측하는 '기미를 살피는' 능력을 길러야 합니다.

성공적인 삶,
의리에서 시작됩니다

삶의 방향을 잃지 않는 지혜, 무타지주(無舵之舟)의 교훈

무타지주(無舵之舟)란 '조타장치가 없는 배'라는 의미로, 삶에 있어 분명한 방향성, 즉 목표가 없는 삶을 비유적으로 표현하는 말입니다. 배가 항해할 때 방향키가 없으면 파도에 휩쓸려 이리저리 떠밀려 다니듯이, 우리도 삶의 뚜렷한 목표 없이는 끊임없이 흔들리게 됩니다. 마치 나침반처럼 우리 삶을 굳건히 이끌어줄 가치관이 절실히 필요한 것입니다. 그 가치관은 바로 정직, 성실, 배려와 같은 고귀한 덕목, 즉 '의리(義理)'입니다.

뜻을 세우는 삶, 의리의 길을 걷는 선택

뜻을 세우되 성인(聖人)을 목표로 삼으면 성인의 삶을 살게 되고, 현인(賢人)을 목표로 삼으면 현인의 삶을 살게 되는 것이니, 뜻을 세우지 못하는 것은 마치 큰 배를 끌고 항해하면서 조타(操舵) 장치가 없는 것과 같고, 재갈을 물리지 않은 말과 같아서 제멋대로 이리 뛰고 저리 뛰어 끝내 목적지에 다다르지 못하는 것과 다를 바가 없습니다. 옛사람들이 말하기를, "가령 선(善)을 행하는데 부모님이 화를 내고, 형제가 원망하며, 가족과 친척, 고향 마을 사람들이 천대하고 싫어한다면, 선을 행하지 않는 것이 옳을 것이나, 선을 행하면 부모님이 아껴주고, 형제가 기뻐하며, 친척과 고향 사람들이 그를 공경하고 믿어주니, 무엇이 괴로워서 선을 실천하여 모든 사람의 존경을 받는 지도자가 되려 하지 않겠는가?"라고 했습니다.

갈림길에서 마주하는 두 개의 길, 의리와 이욕

우리의 삶 앞에는 늘 두 갈래 길이 놓여 있습니다. 선택은 오직 하나입니다. 하나는 의리(義理)의 길이요, 또 다른 하나는 이욕(利慾)의 길입니다. 의리라는 것은 예나 지금이나 온 세상에 통(通)하는 바르고 떳떳한 길이고, 이욕의 길은 뾰족한 가시밭길 속에 달콤한 열매가 맛있게 익어 우리를 유혹(誘惑)하는 위험한 길입니다.

본성을 잃고 욕망에 휩쓸리는 인간의 나약함

사람들은 원래 태어날 때부터 바른 길을 갈 수 있도록 하늘로부터 부여받았습니다. 그 길이야말로 평탄하고 바른 길이어서 누구나 쉽게 따라갈 수 있는데, 어찌하여 사람들은 그 길을 따라가지 않고 험난한 가시밭길을 스스로 택하여 고통스러운 삶을 살아가는지 안타깝습니다. 그 길을 가다가 엎어져 일어나지 못하면서도 끝내 자신의 잘못을 뉘우치려 하지 않으니, 그 원인은 바로 혈기(血氣)가 욕심(欲心)에 휩싸여 마음이 심하게 흔들리기 때문입니다. 음란한 음악과 화려한 여색에 마음이 흔들리고, 재물과 이익에 이끌리며, 더 나아가 높은 벼슬을 탐내면서 자기 영달(榮達)을 추구하며 살아갑니다. 그렇게 평생을 살다 보니, 자신의 본모습이 원래 그런 것이 아님을 깨닫지 못합니다. 이렇게 살다 보면, 우리 안에 있던 하늘의 이치(理致)는 어느새 사라지고, 인간다운 모습마저 거의 찾아볼 수 없게 됩니다. 그럼에도 불구하고, 마음속에는 여전히 이익만을 추구하는 경쟁심만 가득하여, 조금이라도 남보다 더 많은 것을 가지려 하고, 조금이라도 앞서 나가려 합니다. 오직 혈기로 가득 찬 욕심만 있을 뿐, 자신이 원래 하늘과 땅의 이치에 따라 살아가는 존재라는 사실을 전혀 깨닫지 못하니, 참으로 안타깝고 슬픈 일입니다.

잃어버린 본성을 되찾는 지혜, 의리의 길을 선택하라

하지만 바른 길인 의(義)는 우리 본성 안에 깊숙이 자리 잡고 있어 결코 사라지지 않습니다. 언제든지 자신의 삶을 진지하게 되돌아보고, 그 본래의 타고난 바른 길을 간절히 구하려고만 하면, 우리는 금세 그 길을 다시 찾을 수 있습니다. 그러므로 우리는 끊임없이 깊이 생각해야 합니다. 지금 자신이 걷고 있는 길이 과연 어떤 길인지, 그리고 앞으로 어떤 길을 선택해야 하는지 말입니다.

한 문장으로 이해하기

우리는 삶의 방향을 잃지 않기 위해 타고난 선한 본성을 잊지 않고, 끊임없는 자기 성찰과 바른 선택을 통해 의리의 길을 걸어나가야 합니다. 마치 배가 방향키 없이 표류하듯, 목표 없이 살아간다면 우리 삶은 흔들리고 방황할 수밖에 없습니다. 그러므로 우리 안의 선한 본성을 기억하고, 욕심을 버리며, 정직한 길을 선택하여 참된 삶의 의미를 찾아야 합니다.

마음의 평화를 위한
작은 명상

허목 선생의 시,

변화무쌍한 세상 속에서 마음을 지키는 지혜

변화무쌍한 세상 속에서도 자기 내면을 굳건히 지키고, 긍정적인 마음으로 살아가는 것이 진정한 행복을 찾는 길임을 알려주는 허목(許穆, 1595~1682) 선생의 한시 한 편을 읽어봅니다.

   人情有萬變 인정유만변
   世故日多端 세고일다단
   交契亦胡越 교계역호월
   難爲一樣看 난위일양간

인정은 본래가 만 가지로 변하는 것
세상일은 날이 갈수록 복잡해진다
친숙한 교분도 때로는
호월처럼 멀어지니
한결같이 보기가 매우 어렵네.

인간관계의 변화, 자연스러운 흐름으로 받아들이기

허목 선생의 시는 인간관계에 대한 현실적인 관점을 잘 보여줍니다. 친하게 지내던 사람과 관계가 소원해져 끊어지기도 하고, 새로운 인연을 맺기도 하는 것이 우리 삶의 모습입니다. 이렇게 변화무쌍한 관계 속에서 "친구는 영원히 변치 않는 것이야!"라는 생각에 얽매이면 마음이 무거워지고 힘들어집니다.

감정의 소용돌이에서 벗어나 내면을 응시하는 평정심

누군가는 "저 친구는 왜 저렇게 변한 거야! 친구 사이에 어떻게 그럴 수 있어? 인간의 변심이란 정말 무섭군!" 하고 분노하거나 슬퍼하지만, 또 다른 사람은 누군가를 탓하지 않고, "세상살이가 원래 다 그런 거야"라며 담담하게 받아들입니다. 이러한 상황에서 우리가 해야 할 일은 무엇일까요? 허목 선생은 이렇게 말합니다. 그저 이러쿵저러쿵 쉽게 판단하고 말하지 말고, 차분히 앉아 두 눈을 지그시 감고 자신의 마음이 어떻게 움직이고 있는지 조용히 살펴보라고.

초월적인 시선으로 삶을 긍정하는 허목 선생의 경지

아서라! 세상사 다 그런 게지.

그 속에 살지만, 신선이 되어 사노라니,

콸콸 흐르는 개울물 소리, 밤을 지새워 울어대는 풀벌레 소리,

침상에서 코 골며 잠을 자는 거친 숨소리,

코골이 소리도 감사할 뿐이라네.

한 문장으로 이해하기

　허목 선생의 시는 변화무쌍한 세상 속에서도 흔들리지 않는 마음으로 살아가는 지혜를 우리에게 선사합니다. 인간관계에 영원불변한 것은 없으며, 세상은 끊임없이 변화한다는 현실을 인정하고, 변화에 유연하게 대처하는 열린 자세가 필요합니다. 또한, 외부적인 환경 변화에 쉽게 흔들리지 않고 자기 내면을 깊이 들여다보며, 초연한 마음으로 삶의 모든 순간을 있는 그대로 받아들이는 긍정적인 자세를 강조합니다. 허목 선생의 시를 통해 우리는 인간관계의 소중함과 동시에 그 변화무상함, 변화에 대한 적응력, 그리고 자기 성찰의 중요성을 깨닫고, 긍정적인 마음가짐으로 현재를 살아갈 수 있는 지혜를 얻을 수 있습니다. 끊임없이 변화하는 세상 속에서 허목 선생의 시는 우리에게 마음의 평정을 유지하도록 돕는 나침반과 같은 역할을 해줄 것입니다.

나와 너,
우리 모두 하나

다양성 속의 통일성, 대동(大同)의 이상

우리의 손가락처럼, 사람마다 저마다 다른 모습과 욕망을 가지고 살아갑니다. 누구나 더 나은 삶을 꿈꾸지만, 끊임없는 경쟁과 비교 속에서 우리는 불안에 떨고 서로를 시기하는 감정에 휩싸이기도 합니다. 마치 비가 올 조짐을 느끼고 떼 지어 분주하게 움직이는 개미들처럼, 인간 또한 돈, 명예, 권력이라는 좁고 답답한 울타리 안에 갇혀 살아가고 있는지도 모릅니다. 하지만 공자를 비롯한 수많은 성현들은 이러한 현실에 결코 안주하지 않고, 모든 사람이 평등하고 조화롭게 살아가는 이상적인 사회, 즉 '대동 사회'를 간절히 꿈꾸었습니다. 장자의 허유, 논어의 안회처럼 자연과 더불어 살며 세속적인 욕망을 초월한 삶을 살았던 사람들도 있었습니다. 그들은 인간의 다양성이라는 겉모습 너머에 모든 사람을 하나로 이어주는 공통된 이치, 즉 근본적인 진리가 존재하며, 이 이치를 깨달으면 모든 사람이 하나 되어 조화로운 세상을 만들 수 있다고 믿었습니다.

우리는 모두 하나의 뿌리에서 나온 꽃

우리는 모두 마치 한 그루 나무에서 피어난 다채로운 꽃과 같습니다. 저마다 다른 색깔과 모양을 가지고 있지만, 그 뿌리, 즉 근본을 이루는 이치는 같습니다. 이 공통된 이치를 깨닫고, 그 위에 굳건히 서서 우리가 모두 함께 아름다운 세상을 창조해 나갈 수 있습니다.

대동사상을 실천하는 방법

그렇다면 우리는 어떻게 이 '대동사상'을 현실에서 실

천할 수 있을까요? 먼저, 우리 자신을 깊이 돌아보고 내면 깊숙이 자리 잡은 이기심을 과감히 버려야 합니다. 그리고 다른 사람의 처지에서 생각하고 그들의 감정을 헤아리는 따뜻한 배려심을 길러야 합니다. 이러한 노력은 아주 작은 것에서부터 시작할 수 있습니다. 가족, 친구, 이웃과의 관계를 더욱 돈독하게 만들고, 나아가 우리 사회 전체에 긍정적인 변화를 불러일으키는 데 기여해야 합니다.

현대 사회에서 더욱 빛나는 대동사상의 가치

현대 사회에서 대동사상의 가치는 더욱 중요하게 부각되고 있습니다. 과학 기술의 눈부신 발전으로 인해 우리는 전 세계 사람들과 실시간으로 소통하며 연결되어 살아가지만, 역설적이게도 그 어느 때보다 깊은 고립감과 외로움을 느끼고 있습니다. 대동사상은 이러한 현대 사회의 문제를 해결하고, 더욱 인간적이고 따뜻한 공동체를 만들어가는 데 중요한 역할을 할 수 있습니다.

우리 모두 함께 만들어가는 더 나은 세상

여러분은 어떠한 대동 사회를 꿈꾸시나요? 우리는 각자 다른 꿈을 꾸고, 서로 다른 길을 걸어가고 있지만, 서로의 다양성을 존중하고 함께 노력한다면 분명 더욱 아름답고 풍요로운 세상을 만들어갈 수 있습니다. 오직 '나'만을 생각하는 좁은 틀에서 벗어나, '우리' 모두를 생각하고 함께 나아가는 삶을 살아가는 것은 어떨까요?

경계 없는 큰 가르침을 향한 여정

서로를 가로막는 모든 경계를 허물고, 다양한 사람들이 하나의 진리, 하나의 이상향을 향해 나아가는 세상을 함께 만들어 봅시다.

한 문장으로 이해하기

우리는 겉모습은 저마다 다르지만, 그 내면에는 서로를 연결하는 근본적인 이치가 흐르고 있습니다. 마치 다양한 종류의 아름다운 꽃들이 모두 하나의 뿌리에서 피어나듯이 말입니다. 훌륭한 사람들은 이러한 우주의 이치를 밝혀내고, 세상 모든 사람의 마음을 하나로 모으고자 끊임없이 노력했습니다. 마치 어둠을 밝히는 한 줄기 빛처럼, 그들은 이미 오래전에 이러한 깨달음을 얻었고, 모든 사람을 차별 없이 따뜻하게 품는 하나의 마음으로 세상을 바라보았습니다. 우리도 이러한 성인들의 고귀한 가르침을 본받아, 서로의 다름을 존중하고 하나 되어 함께 행복하게 살아가는 이상적인 대동 세상(大同世上)을 만들어 나가야 합니다.

성공한 사람들의 비밀,
인(仁)에 있다

도(道)와 인(仁), 삶의 궁극적인 목표

도(道)는 모든 이치(理致)의 총칭(總稱)이며, 인(仁)은 우리 마음의 완전한 덕(德)을 의미합니다. 도(道)에 뜻을 둔다는 것은 삶의 궁극적인 목표를 명확하게 정(定)했다는 것을 의미합니다. 그렇다면 인(仁)은 그 목표를 향해 나아가는 여정의 최종 귀착지(歸宿處)가 됩니다. 무릇 사람들이 인간으로서 살아가는 근본적인 이유는 바로 이 따뜻한 마음, 즉 인(仁)을 가지고 있기 때문이며, 이 인을 갖추고 난 뒤에야 비로소 '사람'이라는 존귀한 이름을 얻게 되는 것입니다. 이것이 바로 공자(孔子)께서 강조하신 인(仁)의 핵심(要

諦)입니다. 인(仁)은 곧 마음이 살아 움직이는 이치(理)이며, 사람이면서도 어질지 못하다면 그 마음이 생동하는 이유를 잃어버린 것과 같아서, 마치 과일에서 생명력을 잃어버린 껍데기와 다를 바 없습니다. 삶의 의미를 상실한 인간은 그저 죽어 있는 물체와 같을 뿐입니다. 이것이 바로 맹자(孟子)께서 파악하신 인(仁)의 핵심(核心)입니다.

천리(天理)와 인욕(人慾), 인간 마음의 갈등

사람에게는 인욕(人慾)이 싹트기 전, 즉 사사로운 욕심이 생겨나기 전에는 하늘이 부여한 순수한 이치, 즉 천리(天理)가 완전하게 갖추어져 있습니다. 마치 봄날 만물이 돋아나려는 생동감 넘치는 상태와 같아서, 인간 본연의 선한 마음(本心)이 온전히 드러나기 직전의 순수하고 아름다운 모습과 같습니다. 하지만 일단 사사(私邪)로움이 마음을 가로지르고, 천리(天理)가 욕망에 가려지면, 그 순수했던 마음은 어디론가 사라져 버리고, 인간은 어질지 못한 상태, 즉 불인(不仁)의 나락으로 떨어지게 됩니다.

극기(克己), 인(仁)을 회복하는 유일한 길

　그렇다면 인(仁)을 회복하고 본성을 회복하는 효과적인 방법은 무엇일까요? 그것은 그 무엇보다도 자기 욕망을 극복하는 '극기(克己)'에 달려 있습니다. 여기서 '기(己)'라고 하는 것은 '나'라는 사사로움을 마음속에 굳게 붙잡고 놓지 않는 것을 의미하며, 마치 벼의 영양분을 갉아먹어 성장을 방해하는 벼멸구와 같습니다. 따라서 인(仁)을 해치는 이러한 사사로움을 제거하는 데 온 힘을 기울이면, 우리는 본래의 순수했던 모습으로 되돌아갈 수 있습니다. 사사로운 욕망을 깨끗하게 닦아내고 나면, 우리 본연의 마음이 지닌 아름다운 덕(德)이 완전하게 회복될 것이니, 그것은 오직 사욕(私慾)을 떨쳐내는 노력에 달려 있을 뿐입니다. 또한, 노자(老子)와 장자(莊子)는 이 '기(己)'를 자기의 허망한 생각, 자신의 부질없는 바람으로 풀이하기도 합니다. 이는 저마다 가지고 있는 비현실적인 생각, 즉 실현 가능성이 희박하면서도 결과만을 성급하게 탐하는 마음으로 이해할 수 있습니다. 이러한 허망함을 극복하고 참된 자아를 찾아가는 멋진 삶을 살아가자는 의미입니다.

극(克)의 의미, 욕심과의 치열한 싸움

그렇다면 여기서 '극(克)'이라는 것은 도대체 무엇을 의미하는 것일까요? 이는 전쟁에서 대치하고 있던 한쪽 군대가 공격을 감행하여 마침내 목표 지점을 쟁취하는 것을 말합니다. 사사로운 욕망이 막 싹트기 시작할 때, 우리 마음속에 남아있는 본래의 선한 마음이 아직 완전히 사라지지 않았다면, 이는 마치 두 군대가 성을 차지하기 위해 치열하게 대치하고 있는 상황과 같습니다. 그러니 정직하고 올바른 마음이 이기게 되면, 구부러지고 사악한 마음은 지는 것입니다. 세상의 모든 승부에는 이기는 자가 있으면 반드시 지는 자가 있는 법입니다! 이치(理致)가 주체가 되면 욕심(慾心)은 손님이 되는 것입니다.

사욕의 위험성, 그리고 인(仁)의 중요성

무기는 흉하고 전쟁은 위태로우니, 사람들이 그것을 두려워하는 것은 사욕(私慾)의 해악이 그 어떤 것보다 심각하다는 것을 알기 때문입니다. 마치 언덕에 활활 타오르는 불길을 보면, 그 위험성을 깨닫고 빨리 불을 꺼야만 한다는 것을 아는 것과 같습니다. 인욕(人慾)과 천리(天理)가 서로 맹렬하게 싸우는 모습은 실로 치열하며, 그 승패는 반드시 갈리는 것이므로, 인간의 근본인 '인(仁)'이 주체가 되어 '욕심(慾心)'을 이겨낼 수 있도록 끊임없이 노력해야 합니다. 도(道)를 깊이 깨닫고 그 이치를 꿰뚫어 보는 사람이 아니라면, 이 치열한 내면의 싸움을 결코 깊이 있게 살필 수 없을 것입니다. 이것이야말로 도(道)에 뜻을 둘 때, 반드시 '구인(求仁)', 즉 인(仁)을 구하는 공부가 그 무엇보다 귀중하며, 인(仁)을 구하는 데 있어서는 극기(克己) 공부보다 우선하는 것이 없음을 보여주는 증거입니다.

한 문장으로 이해하기

삶이란 마치 정해진 목적지를 향해 나아가는 여정과 같습니다. 그 여정에서 우리를 올바른 방향으로 이끌어 주는 것은 다름 아닌 '인(仁)'이라는 따뜻한 마음이며, 그 인(仁)을 향해 나아가는 과정에서 가장 중요한 것은 끊임없는 '극기(克己)'를 통한 자기 성찰입니다. 우리 마음속에는 선한 마음과 악한 마음이 공존하며, 마치 밭에 돋아나는 잡초처럼 끊임없이 갈등을 일으킵니다. 농부가 밭을 갈고 정성껏 가꾸어 좋은 농작물을 얻듯이, 우리도 욕심과 이기심 같은 나쁜 마음을 뽑아내고, 배려심과 정의로움 같은 선한 마음을 소중히 가꾸고 길러야 합니다. 끊임없이 자신을 돌아보고, 선한 마음을 키워나가는 치열한 노력과 자기 성찰의 과정을 통해, 우리는 마침내 더욱 성숙하고 훌륭한 존재로 성장하며, 궁극적으로 행복하고 의미 있는 삶을 살아갈 수 있을 것입니다.

속마음으로 기뻐하며 순응하는 삶

자연스러운 풀잎처럼, 세상의 이치에 순응하며

"기뻐하며 세상의 이치에 순응하는 삶"이라는 말은, 마치 따뜻한 햇살 아래에서 풀잎이 자연스럽게 바람에 흔들리는 것처럼, 우리도 억지로 거스르지 않고 세상의 흐름과 조화롭게 살아갈 때 진정한 행복을 느낄 수 있다는 깊은 의미를 담고 있습니다.

진정한 기쁨, 카타르시스와 희열의 순간

매일 아침 주역(周易)을 펼쳐봅니다.

오늘 제 눈에 들어온 것은 기쁜 마음으로 세상의 이치에 순응하는 삶을 이야기하는 임(臨) 괘입니다. 여기서 기쁨이란 과연 무엇일까요? 단순히 눈으로 보고, 입으로 먹고, 피부로 느끼는 피상적인 즐거움을 넘어, 우리 마음 깊은 곳, 저 심연에서부터 솟아오르는 감동과 환희, 바로 카타르시스(catharsis)와 희열(喜悅)에 가까운 것이 아닐까요?

단순히 겉으로 드러나는 일시적인 즐거움을 넘어, 마음 깊은 곳에서 울려 퍼지는 벅찬 기쁨을 느끼는 것이야말로 진정한 행복의 본질에 닿아있는 것입니다. 마치 오랫동안 풀지 못했던 어려운 문제를 마침내 해결했을 때 느끼는 깊은 성취감이나, 말로 형언할 수 없을 만큼 아름다운 자연의 풍경을 마주했을 때 온몸을 휘감는 감동처럼 말입니다. 그리고 이러한 깊은 기쁨은 우리가 세상의 이치를 깨닫고, 그 질서와 조화로움을 온 마음으로 받아들일 때 더욱 크게 증폭됩니다.

순응, 무조건적인 복종이 아닌 조화로운 공존

세상의 이치에 순응한다는 것은 결코 무작정 모든 것

에 굴복하고 순종하는 수동적인 삶을 의미하지 않습니다. 그것은 오히려 세상의 근본 원리를 깊이 있게 이해하고, 그 흐름에 맞춰 조화롭게 살아가는 능동적인 삶의 방식을 의미합니다. 마치 물이 높은 곳에서 낮은 곳으로 흐르는 자연스러운 현상처럼, 세상에는 거스를 수 없는 자연스러운 이치들이 존재하며, 우리는 이러한 이치를 거스르기보다는 겸허하게 받아들이고, 삶에 긍정적으로 활용해야 합니다.

오늘, 세상의 이치를 배우고 자신을 돌아보는 시간

오늘 하루는 어제보다 조금 더 깊이 생각하고, 세상의 이치를 배우는 뜻깊은 시간을 가져보는 것은 어떨까요? 책을 읽거나, 자연의 아름다움을 주의 깊게 관찰하거나, 다른 사람들과 진솔한 대화를 나누는 과정 속에서, 우리는 세상을 더욱 폭넓게 이해하고, 자신을 더욱 깊이 있게 돌아볼 수 있습니다. 이러한 노력은 우리를 더욱 행복하고 성숙한 존재로 성장하도록 이끌어줄 것입니다.

한 문장으로 이해하기

세상의 이치에 순응하는 삶은 따뜻한 햇살 아래에서 자연스럽게 바람에 흔들리는 풀잎처럼, 우리 마음 깊은 곳에서 솟아오르는 진정한 행복과 깊은 만족감을 가져다 줍니다. 이는 단순한 쾌락을 넘어, 오랜 노력을 통해 어려움을 극복하거나, 말로 형언할 수 없는 아름다움을 경험할 때 느끼는 벅찬 감동과 깊은 성취감과 같은 것입니다. 세상의 이치에 순응한다는 것은 모든 것에 무조건적으로 복종하는 것이 아니라, 자연의 원리를 깨닫고 받아들이며 그 흐름에 맞춰 살아가는 적극적인 자세를 의미합니다. 마치 물이 위에서 아래로 흐르는 것처럼, 세상에는 고유한 질서와 이치가 존재하며, 우리는 이를 거스르기보다는 겸허하게 받아들이고 삶에 지혜롭게 활용해야 합니다. 오늘 하루, 책을 읽거나 자연을 관찰하며 세상의 이치를 배우고, 자신을 돌아보는 소중한 시간을 가져보는 것은 어떨까요? 이러한 꾸준한 노력은 우리를 더욱 행복하고 성숙한 사람으로 변화시켜줄 것입니다.

세상을 바꾸는
작은 실천

연결된 세상, 상대성의 원리

세상은 그 어떤 것도 홀로 존재하지 않습니다. 모든 것은 서로 긴밀하게 연결되어 있고, 끊임없이 상호작용하며 존재의 의미를 갖습니다. 이것이 바로 상대성 원리의 핵심입니다. 물리학에서 상대성 원리는 시간과 공간이 절대적인 고정값이 아니라, 관찰자의 위치나 운동 상태에 따라 상대적으로 다르게 나타난다는 것을 설명합니다. 마찬가지로, 우리의 삶에서도 모든 가치와 의미는 절대적인 기준에서 벗어나 상대적인 관점에서 이해해야 합니다.

삶의 명암, 상대적인 가치

높은 산이 있으면 반드시 깊은 골짜기가 있고, 밝은 빛이 존재하면 그 뒤에는 어둠이 드리워집니다. 행복이 있으면 불행도 함께 따라오는 것이 세상의 이치입니다. 이러한 상대성은 자연 현상에 국한되지 않고, 우리의 감정과 사고방식에도 깊숙이 작용합니다. 기쁨은 슬픔의 상대적인 개념이며, 성공은 실패라는 경험을 통해 비로소 그 의미를 갖게 됩니다.

혈구(絜矩), 타인을 헤아리는 마음

대학(大學)에서는 이러한 상대성을 설명하기 위해 '혈구(絜矩)'라는 단어를 사용합니다. 혈구란, 과거에 길이를 재는 데 사용하던 도구로, 잣대처럼 앞뒤, 전후, 좌우를 재어서 그 마음을 내 마음으로 짐작하고 행동하는 것을 의미합니다. 혈구(絜矩)라는 단어는 다양한 맥락에서 사용되며, 그 의미 또한 다층적입니다. 일반적으로는 다음과 같은 의미로 해석될 수 있습니다.

과거에 길이를 측정하는 데 사용하던 간단한 도구를 지

칭합니다. 끈이나 대나무 등을 이용하여 일정한 길이를 표시하고, 건축이나 토목 공사 등에 활용되었습니다.

어떤 일을 판단하거나 행동하는 데 있어 중요한 기준이 되는 규범이나 원칙을 의미하기도 합니다. 혈구는 단순한 측량 도구로서의 기능을 넘어, 삶의 방향을 제시하는 중요한 도구로 여겨졌습니다.

자기 욕심이나 감정을 절제하고, 올바른 도리를 지키는 것을 의미합니다. 혈구는 개인의 행동을 통제하고, 바른 길로 이끄는 역할을 했습니다.

유교에서는 혈구를 개인의 행동을 규제하고, 사회 질서를 유지하는 데 필요한 도덕적 기준으로 간주했습니다. 혈구는 인간이 따라야 할 도리와 의무를 상징하는 중요한 개념이었습니다.

불교에서는 혈구를 번뇌를 극복하고 해탈에 이르는 길을 제시하는 도구로 보았습니다. 혈구는 자기 마음을 다스리고, 진정한 자유를 얻기 위한 수행의 기준으로 활용되었습니다.

겸손과 이해, 다양성을 존중하는 성숙함

상대성 원리는 우리에게 겸손의 덕목을 가르치고, 다른 사람의 상황을 폭넓게 이해하도록 돕습니다. 나와 다른 생각과 가치관을 가진 사람들을 존중하고, 다양성을 인정하는 것이야말로 진정한 성숙함의 증거가 아닐까요?

코로나19 팬데믹, 연결의 소중함을 깨닫다

최근 겪었던 코로나19 팬데믹은 전 세계적으로 고립과 단절을 경험하게 하면서, 우리에게 상대성 원리의 중요성을 다시 한번 절실하게 일깨워 주었습니다. 이러한 전례 없는 위기 속에서, 우리는 서로 협력하고 지지하며 함께 어려움을 극복해야 한다는 것을 깨달았습니다.

삶의 지혜, 상대성 원리

상대성 원리는 단순한 과학 이론에 그치지 않고, 우리 삶을 풍요롭게 만드는 중요한 지혜를 담고 있습니다. 상대성 원리를 바탕으로 살아갈 때, 우리는 더욱 조화롭고 행복한 삶을 영위할 수 있을 것입니다.

한 문장으로 이해하기

이 글은 상대성 원리의 관점에서 우리 삶이 서로 깊이 연결되어 있음을 강조하며, 나와 다른 타인의 처지를 이해하고, 조화롭게 공존하는 삶의 중요성을 역설합니다. 세상의 모든 현상과 존재는 서로 영향을 주고받으며 연결되어 있으므로, 우리는 자기중심적인 관점에서 벗어나, 다른 사람의 생각과 감정을 섬세하게 헤아리고 이해하려는 노력을 기울여야 합니다. 이러한 상대성의 원리는 인간관계뿐만 아니라, 우주의 질서와 인간 삶의 본질을 탐구하는 철학적 사고에 이르기까지, 다양한 분야에 걸쳐 활용될 수 있는 깊이 있는 개념입니다.

겉과 속이
아름다운 사람

겉모습과 내면의 조화, 문질빈빈(文質彬彬)

"모난 돌이 정 맞는다"는 속담은 우리에게 익숙하지만, 오늘은 조금 다른 시각으로 '모난 돌'을 바라보고자 합니다. 바로 '문질빈빈(文質彬彬)'이라는 아름다운 사자성어를 통해서 말이죠. 문질빈빈은 '문채(文彩)와 실질(實質)이 조화롭게 어우러져 아름다운 모습'을 뜻하며, 겉으로 보이는 화려한 겉모습뿐만 아니라, 그 안에 깃든 깊이 있는 내면의 가치까지 겸비한 이상적인 사람을 의미합니다. 마치 잘 다듬어진 보석처럼, 겉으로 드러나는 세련된 모습과 그 안에 담긴 숭고한 정신이 조화롭게 어우러진 사람을 표현하는 말입니다.

내면의 깊이, 진정한 아름다움의 원천

옛 성현들은 "물이 잔잔하게 흐를수록 그 깊이를 가늠하기 어렵듯이, 사람도 겉으로 드러나는 화려함보다 내면의 깊이가 중요하다"라고 강조했습니다. 마치 뾰족한 산이 아무리 높이 솟아오르려 해도, 결국에는 거센 바람과 비에 깎여 나가기 쉽듯이, 사람도 지나치게 날카롭고 모나게만 행동하는 것은 오히려 좋은 결과를 가져오지 못합니다. 현대 사회에서도 마찬가지입니다. SNS상에서 무분별하게 쏟아지는 익명의 비난이나, 직장 내에서의 지나치게 경쟁적인 분위기 속에서, 문질빈빈의 가치는 더욱 빛을 발합니다.

문질빈빈(文質彬彬)한 사람이 되는 길

그렇다면 우리는 어떻게 문질빈빈(文質彬彬)한 사람이 될 수 있을까요? 먼저, 끊임없이 자기 내면을 깊이 성찰하고, 부족한 부분을 겸허하게 인정하며 채워나가려는 노력이 필요합니다. 꾸준한 자기 계발(自己啓發)을 통해 풍부한 지식과 깊이 있는 교양을 쌓고, 다른 사람의 의견에 진심으로 귀 기울이며 공감하는 따뜻한 자세를 길러야 합니다. 또한, 언제나 겸손한 태도를 유지하고, 다른 사람을 배려하는 따뜻한 마음을 갖는 것 또한 매우 중요합니다.

내면에서 피어나는 진정한 아름다움

문질빈빈(文質彬彬)은 결코 겉모습만을 화려하게 꾸미는 것을 의미하지 않습니다. 진정한 아름다움은 그 사람의 깊고 숭고한 내면에서부터 자연스럽게 우러나오며, 겉모습은 단지 그러한 내면의 아름다움을 은은하게 드러내는 하나의 수단일 뿐입니다. 마치 아름다운 꽃이 매혹적인 향기를 은은하게 풍기듯, 우리도 아름다운 마음을 가꾸어 다른 사람들에게 긍정적인 영향을 줄 수 있습니다.

나를 돌아보는 시간, 그리고 문질빈빈(文質彬彬)의 의미

오늘 아침, 저는 이 글을 읽으며, 한동안 마음을 빼앗긴 채 깊은 생각에 잠겼습니다. 나는 그동안 세상을 살아가면서, 어쩜 그리도 내 생각만을 고집하고, 나 자신이 가는 길이 언제나 옳다고 확신하며, 다른 사람의 의견을 제대로 받아들이지 못했던가. 문득 지난날의 어리석음을 깨닫고 깊이 반성하게 되었습니다. 꾸미면 아름답다는 말이 때로는 진실일 수도 있지만, 때로는 그렇지 못할 때도 있습니다. 글도, 그림도, 그리고 사람도, 그 본질(本質)에 탄탄한 뿌리를 두고, 그 본질에 어울리도록 알맞게 꾸며나갈 때, 비로소 더욱 아름답고 빛나는 존재로 거듭나게 마련입니다. 텅 빈 그릇을 비우고, 그 안에 무엇을 채울지 신중하게 고민하듯, 겉모양이 아무리 화려한 그릇이라도, 그 안에 채워진 내용물에 따라 그 가치가 천차만별로 달라지듯이, 사람도 어떤 마음으로 내면을 채우고 있는지를 주의 깊게 살펴보면, 그 사람이 진정으로 소중하고 가치 있는 사람인지 아닌지를 명확하게 판단할 수 있습니다. 만약 잡념과 욕심으로 가득 채워져 있다면, 아무리 멋진 그릇에 잡동사니를 가득 담아놓아도 쓸모없는 것처럼, 사람 또한 결코 존경받을 수 없습니다.

거짓 없이 진실한 마음으로 채워라

여러분은 스스로를 문질빈빈(文質彬彬)한 사람이라고 생각하십니까? 왜 그렇게 생각하시는지 스스로에게 진지하게 물어보십시오.

논어(論語)는 우리에게 마음을 충(忠)과 신(信)으로 가득 채우라고 가르칩니다. 이는 거짓 없는 참된 마음, 즉 진실(眞實)로 가득 채우라는 뜻입니다. 손님은 결코 그 집에서 영원히 살지 못하고, 항상 드나들게 마련입니다. 우리의 마음도 마찬가지입니다. 충(忠), 즉 진실한 마음으로 가득 차 있다면, 거짓되고 불순한 마음은 결코 우리 마음속에 오래 머무를 수 없고, 손님처럼 잠시 스쳐 지나갈 뿐입니다. 어떤 그릇이라도 다른 것이 가득 차 있을 때는, 그릇 주인이 원하는 것을 마음껏 담을 수 없듯이, 우리 마음이 진실(眞實)로 가득 차 있다면, 거짓된 마음이 들어올 자리가 없습니다. 진정한 아름다움을 추구하는 것은 인간의 당연한 본분인지도 모릅니다. 본질(本質)과 윤색(潤色)의 조화를 통해 꾸밈과 진실이 서로 아름답게 어우러지도록 만드는 일, 그것이 바로 문질빈빈(文質彬彬)의 깊고 숭고한 의미가 아닐까요?

한 문장으로 이해하기

옛 현인들은 뾰족한 돌보다는 오랜 세월 풍파를 견디며 둥글고 부드럽게 다듬어진 돌이 더욱 가치 있듯이, 사람도 지나치게 날카롭고 모나게 행동하는 것보다는 겸손하고 따뜻하며 부드러운 태도를 갖추는 것이 중요하다고 가르쳤습니다. 겉으로 드러나는 화려함보다는 내면의 깊이와 따뜻함이 진정한 아름다움의 원천이며, 다른 사람의 의견을 존중하고 배려하는 마음으로 대하는 것이야말로 인간관계의 핵심입니다. 오늘 우리는 스스로에게 진지한 질문을 던져보고, 다른 사람의 이야기에 귀 기울이며, 자신의 잘못을 겸허하게 인정하고 진심으로 사과하는 등, 작은 변화를 통해 더욱 성숙하고 아름다운 사람으로 성장할 수 있습니다. "모난 돌 끌어안기"는 단순히 타협하거나 굴복하는 것이 아니라, 자기 자신을 깊이 성찰하고 세상과 조화롭게 공존하는 고귀한 지혜를 담고 있습니다.

논어(論語)는 우리에게 마음을 진실(眞實)과 믿음(信)으로 가득 채우라고 현명하게 가르칩니다. 마치 물이 가득 담긴 컵에는 더 이상 물이 들어갈 수 없듯이, 진실로 가득 채워진 마음에는 거짓이 파고들 틈이 없습니다. 진정한 아름다움은 겉모습만을 화려하게 꾸미는 데서 오는 것이 아니라, 진실한 마음과 세련된 겉모습이 조화롭게 어우러질 때 비로소 빛을 발합니다. 우리는 스스로에게 끊임없이 질문해야 합니다. 우리의 마음은 진실로 얼마나 가득 차 있는지, 그리고 우리는 겉모습에만 치중하고 내면을 소홀히 하고 있지는 않은지. 진정한 아름다움을 찾아 떠나는 이 여정에서, 우리는 거짓 대신 진실을 말하고, 다른 사람의 장점을 칭찬하며, 자신의 단점을 개선하려는 끊임없는 노력을 통해 더욱 성숙하고 아름다운 사람으로 거듭날 수 있습니다.

죽음의 문턱에서
살아남는 법!

계우포상(繫于苞桑),
위기의 순간, 굳건한 뿌리를 내려라

인류의 삶에 가장 소중한 지혜의 보고(寶庫), 주역(周易)에서는, 위기의 순간에 흔들리지 않는 굳건한 기반을 마련하는 것의 중요성을 강조하며 "계우포상(繫于苞桑)"이라는 심오한 가르침을 남겼습니다. 마치 뽕나무 뿌리가 땅속 깊숙이 뻗어 나가 거대한 나무를 든든하게 지탱하듯, 우리 역시 삶의 위기를 극복하기 위해서는 흔들리지 않는 굳건한 기반을 마련해야 합니다.

코로나19 팬데믹, 위기 속에서 피어나는 새로운 기회

코로나19 팬데믹과 같이 전례 없는 거대한 위기 속에서, 우리는 그동안 익숙하게 누려왔던 삶의 방식을 근본적으로 변화시켜야 하는 상황에 직면했습니다. 하지만 이러한 위기는 동시에 우리에게 새로운 기회를 가져다주기도 합니다. 마치 거센 폭풍우가 지나간 후에 더욱 튼튼하게 뿌리를 내리고 굳건히 자라나는 나무처럼, 우리도 위기를 슬기롭게 극복하고 이전보다 훨씬 더 성숙하고 강인한 존재로 성장할 수 있습니다.

**위기 극복을 위한 마음가짐,
자기 직면과 긍정적인 변화**

이러한 어려운 상황에서 우리는 어떤 마음가짐으로 대처해야 할까요?

먼저, 자신이 처한 현실적인 상황을 있는 그대로 담담하게 받아들이는 것이 중요합니다. '나는 지금 현재 게으르고, 새로운 변화를 두려워하고 있다'라고 인정하는 것은 문제 해결을 위한 가장 용기 있는 첫걸음입니다. 과거의 선택에 대한 후회나, 아직 오지 않은 미래에 대한 막연한 불안감에 사로잡히기보다는, 오직 현재 이 순간에 집중하여 있는 그대로의 자신을 냉철하게 직시하고, 긍정적인 변화를 향한 의지를 다져야 합니다.

역사 속 위인들이 보여준 둔난(屯難) 극복의 지혜

역사 속에서 위대한 업적을 이루고 존경받는 삶을 살아간 인물들을 살펴보면, 그들 역시 수많은 둔난(屯難), 즉 인생의 시련과 역경을 겪었지만, 끊임없는 노력과 뜨거운 열정으로 마침내 성공을 쟁취했다는 사실을 알 수 있습니다. 맹자(孟子)는 어려운 환경 속에서도 굴하지 않고 학문(學問)을 갈고닦아 마침내 성인(聖人)의 반열에 올랐고, 세종대왕은 수많은 반대와 어려움 속에서도 한글 창제라는 불멸의 위업을 달성했습니다. 이들은 모두 어떠한 역경과 시련이 닥쳐도 결코 좌절하거나 포기하지 않고, 긍정적인 마음으로 끊임없이 노력하는 불굴의 의지를 보여주었습니다. 우리도 역사 속 위인들처럼, 어떠한 어려움이 우리 앞을 가로막더라도 결코 좌절하거나 포기하지 않고, 끊임없이 노력하고 도전한다면, 반드시 위기를 극복하고 더욱 찬란하고 아름다운 미래를 만들어갈 수 있을 것입니다.

새로운 경험, 삶의 활력소

익숙한 일상에서 벗어나 새로운 것을 경험하는 것은 우리 삶에 놀라운 활력을 불어넣어 줍니다. 새로운 취미를 시작하거나, 낯선 곳으로 여행을 떠나거나, 다양한 분야의 새로운 사람들을 만나보십시오. 이처럼 새로운 경험은 닫혀있던 우리의 마음을 활짝 열어주고, 그동안 미처 발견하지 못했던 무한한 가능성을 발견하도록 이끌어 줍니다.

긍정적인 생각, 위기를 기회로 바꾸는 힘

긍정적인 생각은 문제 해결 능력을 향상시키고, 스트레스를 효과적으로 감소시키는 강력한 힘을 발휘합니다. 매일 감사한 일 세 가지를 떠올려 기록하거나, 긍정적인 자기 암시를 통해 마음속에 긍정적인 에너지를 불어넣는 등, 긍정적인 마음을 유지하기 위한 다양한 노력을 기울여보십시오. 긍정적인 마음은 어려움을 극복하고 목표를 달성하는 데 있어 가장 중요한 원동력이 됩니다.

죽음의 문턱에서 피어나는 위기 의식

사경(死境)을 헤매던 사람이 마침내 위기를 넘기고 살아나는 상황, 즉 "이 사람 정말 죽을지도 몰라! 정말 죽을 수 있어!"라는 절박한 위기의식(危機意識)이 극에 달했을 때, 비로소 죽어가던 사람이 다시 살아나는 기적을 경험하게 됩니다. 어찌 사람에게만 이러한 원리가 적용되겠습니까? 작게는 회사에서부터 크게는 나라, 더 나아가 우리가 살고 있는 지구에 이르기까지, 모든 존재는 위기의 순간에 강력한 힘을 발휘합니다. 간절한 위기의식(危機意識)을 느낄 때, 모든 사람의 마음이 하나로 뭉쳐 놀라운 에너지를 발휘하고, 마침내 그 위기에서 벗어날 수 있는 것입니다.

뽕나무 뿌리, 굳건한 기반의 상징

뽕나무 뿌리는 예로부터 떨기로 뭉쳐서 자라는 강인한 생명력의 상징으로 여겨져 왔습니다. 그 뿌리가 얼마나 깊고 굳게 박혀 있는지, 3000년 전부터 명문화된 기록을 통해 우리는 충분히 짐작할 수 있습니다. 굳고 깊게 박힌 뽕나무 뿌리처럼, 망하지 않을 수 있는 굳건한 기반(基盤)이 우리 삶에도 반드시 필요합니다.

한 문장으로 이해하기

3000년 전부터 뽕나무 뿌리의 깊고 튼튼함이 알려졌듯이, 우리도 어떠한 위기 상황에서도 흔들리지 않도록 굳건한 가치관과 신념이라는 튼튼한 기반을 갖추어야 합니다. 이러한 기반은 우리에게 어떠한 어려움과 시련에도 굴하지 않고 꿋꿋하게 살아갈 수 있는 용기와 힘을 선사합니다. 우리는 스스로에게 끊임없이 질문하며 깊이 있는 자기 성찰의 시간을 가져야 합니다. 나는 과연 어떤 위기 상황에서도 흔들리지 않는 굳건한 가치관을 따르고 있는가? 나는 다른 사람들과 함께 어려움을 극복하기 위해 적극적으로 노력하고 있는가? 그리고 나는 과연 튼튼한 기반 위에 삶을 건설하고 있는가? 이러한 진지한 질문을 통해 우리는 자신의 가치관을 확립하고, 그것을 지키기 위해 끊임없이 노력하며, 다른 사람들과의 소중한 관계를 더욱 돈독하게 가꾸고, 긍정적인 마음으로 미래를 향해 힘차게 나아가는 성숙하고 단단한 사람으로 성장할 수 있습니다.

Part 2

삶의 장애물 극복과
자기 관리의 지혜

화를 다스리는 지혜
나쁜 생각을 막아라
왜 욕심을 버려야 할까?
왜 자랑은 금물일까?
욕심은 고통의 씨앗
나를 가두는 틀을 깨고 나가라
화를 다스리고 욕심을 버리면 행복해진다
나를 변화시키는 작은 실천
남 탓 대신 나를 탓하는 용기
당신의 삶을 바꿀 세 가지 질문
삶의 지혜를 찾는 여정
인생의 시련을 어떻게 극복할 것인가?
걸림돌을 털어내고 미래를 향해 나아간다

화를 다스리는
지혜

내 안의 불꽃을 지혜롭게 다스리는 법

화를 다른 사람에게 옮기거나, 똑같은 실수를 되풀이하지 않는 것. 언뜻 쉬워 보이지만, 공자의 제자 안회는 이것이야말로 우리가 평생토록 배워야 할 가장 어려운 공부라고 말했습니다.

되돌아본 나의 모습, 쉽지 않은 '불천노 불이과'

처음에는 '그리 어려운 일인가?' 생각했지만, 가만히 내 삶을 돌아보니 부끄러운 순간들이 떠올랐습니다. 집에서 화나는 일이 있으면, 엉뚱한 곳에 가서 화풀이하고, A에게 서운했던 감정을 전혀 상관없는 B에게 쏟아냈습니다. 이 어리석은 행동을 깨닫고 보니, '불천노 불이과(不遷怒 不貳過)'는 참으로 어려운 공부임을 절실히 느끼게 되었습니다. 내 화를 일으킨 당사자에게 제대로 풀지 못하고, 아무 죄 없는 다른 사람에게 화를 내는 것은 명백한 잘못입니다. 한 번의 실수는 용서받을 수 있을지 모르지만, 똑같은 잘못으로 또다시 용서를 구해야 할 때는 혀가 굳고 할 말을 잃게 됩니다. 오늘, 이 가르침이 바로 내가 평생토록 마음속에 새기고 실천해야 할 공부임을 깊이 깨닫습니다.

한 문장으로 이해하기

"불천노 불이과"는 자신의 감정을 타인에게 전가하지 않고, 이미 저지른 잘못을 되풀이하지 않는다는 공자의 심오한 가르침입니다. 겉으로는 단순해 보이지만, 진정으로 분노를 조절하고 성숙한 사람으로 나아가기 위해서는 끊임없는 자기 성찰과 노력이 필요합니다. 화를 엉뚱한 대상에게 쏟아내면 인간관계는 악화되고, 같은 실수를 반복하면 개인의 발전은 더뎌지며 스스로에 대한 존중감마저 낮아질 수 있습니다. 분노를 현명하게 다스리기 위해서는 먼저 자신의 감정을 정확히 인지하고, 심호흡을 통해 마음을 가라앉히며 긍정적인 관점을 유지하는 것이 중요합니다. 더불어, 타인의 입장에서 생각해보는 공감의 노력 또한 분노를 누그러뜨리는 데 도움이 됩니다. '불천노 불이과'의 실천은 결코 쉽지 않은 길이지만, 이 어려운 과정을 통해 우리는 더욱 성숙하고 지혜로운 사람으로 성장할 수 있습니다.

나쁜 생각을
막아라

마음의 정원, 맑고 깨끗하게 가꾸기

우리 마음은 마치 드넓은 밭과 같아서 끊임없이 새로운 씨앗들을 받아들입니다. 좋은 생각의 씨앗도 있지만, 때로는 나쁜 생각이나 감정의 잡초가 자라나 마음을 어지럽히기도 합니다. 마치 깨끗한 물에 흙탕물이 스며들듯 말이죠. '한사존성(閑邪存誠)'은 바로 이러한 부정적인 생각의 잡초를 막고, 우리 마음의 밭을 늘 맑고 깨끗하게 유지하라는 가르침입니다. 마치 깨끗한 방을 위해 불필요한 물건을 버리듯, 우리 마음도 정기적인 정화 작업이 필요합니다.

마음을 지키는 지혜, 들어오지 못하게 하라

 사악한 생각을 막으면, 참되고 순수한 우리의 본성은 저절로 보존됩니다. 사람은 눈과 귀를 통해 끊임없이 외부의 소리와 정보를 받아들입니다. 이때, 우리 안으로 들어오는 것을 주의 깊게 살펴 옳지 않은 것을 막는다면, 바른 생각과 마음이 우리 안에 자연스럽게 자리 잡게 됩니다. 이미 들어온 나쁜 생각을 내쫓는 것은 어렵지만, 애초에 들어오지 못하도록 마음의 문을 잘 지키는 것이 훨씬 더 효과적인 방법입니다.

낡은 습관의 틀을 깨고, 성장의 날개를 펼치다

 오래된 습관은 마치 단단한 우렁이 껍데기나 갑옷 같은 게딱지처럼, 우리의 무한한 학문적 성장과 덕행의 발전을 가로막는 장애물이 됩니다. 특히 오랫동안 익숙해진 습관일수록 더욱 그러합니다. 자신은 항상 옳고 상대방은 틀리다고 쉽게 단정짓는 독단적인 생각에 갇히게 됩니다. 온전한 정신으로 깊이 생각하면 희미하게나마 이치가 보일 텐데도, 제대로 집중하지 못하고 선입견에 사로잡혀 '나는 이미 노련하다'라고 스스로를 속이며 위로할 뿐입니다. 아직 드러나지 않은 깊은 이치를 한 번에 깨닫고자 하는 것은 참으로 어리석은 일입니다.

나를 마주하는 시간, 마음의 찌꺼기를 씻어내다

가끔은 나를 가만히 들여다보는 시간, 내 삶을 조용히 돌아보는 시간을 가져야 합니다. 낡은 우렁이 껍데기나 벗어나지 못한 게딱지처럼 굳어진 생각의 틀을 깨고, 새로운 나로 나아가고 싶습니다. 이럴 때, '근사록'을 펼쳐 천천히 글을 써 내려가 봅니다. 맑은 먹물이 마음의 정화제가 되어, 들뜬 감정을 차분하게 가라앉히고, 정리되지 않았던 생각들을 질서 있는 흐름으로 이끌어줍니다. 세상이 어떻다 이야기하기 전에, 오롯이 나를 돌아보는 이 소중한 시간이 얼마나 고맙고 귀한지 모릅니다.

한 문장으로 이해하기

자신만이 옳다는 굳어진 생각의 틀을 깨고 마음의 문을

열어 새로운 것을 받아들이려는 열린 자세와, 매일 자신을 성찰하고 부정적인 생각을 걸러내는 노력을 통해 우리는 마치 뿌리내린 나무처럼 끊임없이 성장하며 더 나은 자신으로 나아갈 수 있습니다.

왜 욕심을
버려야 할까?

채우려 할수록 비워지는 행복의 시소

인생은 마치 시소와 같습니다. 한쪽 끝이 하늘로 향하면, 다른 쪽 끝은 땅으로 내려앉기 마련입니다. 끝없이 채우려는 욕심은 결국 우리를 불행의 나락으로 이끌고, 가진 것을 나누고 겸손하게 살아가는 마음이야말로 진정한 행복으로 향하는 길임을 기억해야 합니다.

성장의 끝에서 욕망을 비우는 지혜

모든 일은 절정의 순간을 지나면 서서히 기울기 시작합

니다. 부유함, 명예, 심지어 우리의 인생 또한 중반을 넘어서면 더 이상 성장하기 어렵고, 점차 쇠퇴의 길을 걷게 됩니다. 이때, 끓어오르는 욕망을 조금씩 비워내는 지혜, 가진 것을 주변과 나누는 너그러운 마음, 높은 자리보다는 겸손한 자세를 취하는 것이야말로 진정으로 자신을 지키고, 부를 유지하며, 명예를 오래도록 빛나게 하는 방법입니다. 주역의 가르침처럼, 지나친 욕심을 부리지 않을 때 비로소 허물이 없을 것입니다.

군자의 길, 욕망의 불꽃을 다스리는 노력

하늘을 닮아가려는 끊임없는 노력을 기울이는 사람, 그가 바로 훌륭한 군자입니다. 이러한 군자의 가장 큰 걸림돌은 바로 분노와 끓어오르는 욕망입니다. 순간의 화를 참지 못하거나 탐욕에 눈이 멀게 되면, 가던 길을 잃고 잘못된 행동을 저지르게 됩니다. 그러므로 잘못을 저지르기 전에 가장 중요한 것은 '징분(懲忿) 질욕(窒慾)', 즉 분노를 억누르고 욕망을 다스리는 것입니다.

덜어내고 채우는 삶의 지혜

주역에는 덜어내는 손(損)괘와 더하는 익(益)괘가 있습니다. 우리가 삶에서 가장 먼저 덜어내야 할 것은 바로 분노와 욕망이며, 대신 선(善)으로 마음을 가득 채워나가야 합니다. 이러한 행동의 결과로 우리에게 주어지는 것은 길(吉)함, 흉(凶)함, 후회(後悔), 인색(吝嗇)함이라는 네 가지입니다. 이 모든 것은 결국 우리의 행동에서 비롯됩니다. 그러므로 우리는 매 순간 자신의 행동을 신중하게 살펴야 합니다. 작은 몸짓 하나, 짧은 한마디의 말이라도 이치와 상황에 부합하면 길한 결과를 가져오지만, 그렇지 않으면 흉한 결과를 초래합니다. 바른 길을 가지 못했음을 깨닫고 반성하면 후회가 따르고, 잘못을 저지르고도 스스로 고치려 하지 않으면 인색함에 갇히게 됩니다.

행동의 무게, 신중함의 이유

길흉회린이라는 네 가지 결과는 하나의 선한 행동 뒤에 세 가지의 악한 가능성이 숨어 있는 것과 같습니다. 결국 우리 눈에 보이는 것은 행동이지만, 그 행동이 가져올 결과는 실로 막대합니다. 그러므로 우리는 그 어떤 것보다 자신의 행동에 신중해야 할 분명한 이유가 있습니다.

한 문장으로 이해하기

　욕심은 인생의 균형을 깨뜨려 불행을 초래하지만, 겸손한 마음으로 욕망을 다스리고 선을 행할 때 비로소 진정한 행복과 성공을 얻을 수 있으며, 주역의 가르침처럼 과도한 욕심을 버리고 겸손하게 살아가는 작은 실천들이 결국 우리 삶을 더 나은 방향으로 이끌어 줄 것입니다.

왜 자랑은
금물일까?

깊은 물처럼, 겸손한 사람이 얻는 진정한 인정

"자기 업적을 자랑하지 마라"는 말은, 깊은 물은 흐르는 소리가 나지 않듯이, 진정한 실력을 갖춘 사람은 스스로를 자랑하지 않는다는 의미입니다. 깊은 호수는 잔잔하고 고요하지만, 얕은 웅덩이는 물이 조금만 흘러도 시끄러운 소리를 내는 것처럼, 참된 능력을 가진 사람은 겸손하게 행동하며 자신의 가치를 굳이 드러내려 하지 않습니다. 우리는 누구나 다른 사람에게 인정받고 싶어 하지만, 지나친 자랑은 오히려 반감을 살 수 있습니다. 진정한 능력은 시간이 지나면 자연스럽게 드러나기 마련입니다. 중요한 것은 겉으로 보이는 모습과 내면의 실체가 일치하는 것, 즉 말과 행동이 조화로운 사람입니다. 겉으로는 겸손한 척하면서 속으로는 자만심을 품고 있다면, 결국 진정한 존경을 얻을 수 없습니다.

마음의 깊이를 드러내는 절제, 하늘이 보고 있다

낮은 물은 요란하게 흐르지만, 깊은 물은 조용히 흐릅니다. 이처럼 기쁨과 슬픔, 분노와 같은 감정을 쉽게 드러내는 사람은 어떨까요? 진정으로 지혜로운 사람은 기쁜 일이라도 쉽게 드러내지 않고, 속으로 깊은 기쁨을 누리는 삶을 살아갑니다. 하늘은 모든 것을 보고 듣고 있으니, 항상 신중하게 행동해야 합니다.

언행일치의 중요성, 예(禮)를 이해하는 첫걸음

우리는 누구나 언행일치(言行一致), 표리동(表裏同)이라는 말을 좋아합니다. 겉모습을 포장하는 것은 쉽지만, 겉과 속을 일치시키는 것은 어렵습니다. 이 간극을 좁히기 위해 필요한 것이 바로 예(禮)를 정확히 이해하는 것입니다.

예(禮)란 무엇인가, 인간관계의 질서를 세우는 근본

도대체 예(禮)란 무엇일까요? 예는 천지 만물의 질서(秩序)를 본받아 사람들 사이의 관계를 원활하게 만드는 근본적인 원리입니다. 예를 제대로 이해하지 못하면, 눈과 귀는 부끄러운 것을 보고 듣게 되고, 손과 발은 갈 곳을 잃고 어찌해야 할지 몰라 헤매게 됩니다. 사람은 마음속에 품고 있는 것을 말과 행동으로 표현하려는 본능을 가지고 있습니다. 그중에서도 특히 말은 그 사람의 내면을 드러내는 중요한 창입니다. 그러므로 우리는 상대방의 말을 정확하게 파악해야 그 사람의 진심을 알 수 있습니다. 말 속에 숨겨진 바르고 그릇됨, 이득과 의리를 추구하는 마음을 꿰뚫어 보는 것은 매우 중요한 일입니다.

한 문장으로 이해하기

예(禮)를 갖춘다는 것은 단순히 형식적인 말과 행동을

의미하는 것이 아니라, 겸손한 태도로 상대를 존중하고 경청하며, 자신의 말과 행동을 일치시켜 내면의 진실함을 드러내는 것을 포함합니다. 말할 때는 다른 사람을 비방하거나 거친 언어를 사용하지 않고, 행동할 때는 폭력을 행사하거나 부정한 행위를 하지 않으며, 상대방의 말을 주의 깊게 듣는 것이 예의 중요한 요소입니다. 이 글은 우리에게 끊임없이 자신을 돌아보고 개선할 수 있는 질문을 던지며, 진정한 성공의 의미와 겸손의 중요성을 일깨워줍니다. 오늘부터라도 다른 사람의 칭찬에 겸손하게 응대하고, 자신의 부족한 점을 개선하려는 노력을 통해 우리는 더욱 성숙한 사람으로 성장해 나갈 수 있습니다. 즉, 예절은 단순한 행동 규범이 아니라, 더 나은 인간으로 나아가기 위한 중요한 마음가짐이자 실천입니다.

욕심은
고통의 씨앗

마음의 짐을 내려놓을 때 찾아오는 평화

이 세상에 괴로움 하나 없이 살아가는 사람이 과연 있을까요? 근심 걱정 없는 삶을 누리는 사람이 얼마나 될까요? 어쩌면 그 모든 고통의 시작은 우리 마음속에 짊어진 욕심과, 그 욕심에 얽매여 살아가는 삶이 아닐까요?

성인의 지혜, 욕심을 버리고 흐르는 대로

만고불변의 진리를 깨닫고 실천했던 성인들은 욕심 없이 담백한 삶을 살았습니다. 그들은 찾아오는 사람을 막지 않았고, 떠나가는 사람을 붙잡지 않았습니다. 마치 가을날 맑은 호수에 사물이 그대로 비치듯, 그들은 있는 그대로를 받아들였을 뿐입니다. 자신을 찾아오는 사람을 반갑게 맞이했지만, 떠나가는 사람은 미련 없이 보내주었습니다. 사람들이 오기를 바라지도 않았고, 떠나가는 것을 억지로 붙잡으려 하지도 않았습니다.

욕망의 덫, 허무한 제국의 몰락

역사 속에서 진시황과 한무제만큼 사람을 붙잡고 욕망에 휘둘렸던 사람도 없을 것입니다. 이 두 사람은 끝없이 더 많은 것을 원했습니다. 국가적으로는 부국강병을 추구하며 공을 탐했고, 개인적으로는 명예를 중시했습니다. 화려한 궁궐을 짓기 위해 끊임없이 토목 공사를 벌였고, 세상의 중심이 되려는 욕심에 주변 국가를 정복하는 데 혈안이 되었습니다.

결국 이들은 인간의 한계를 넘어선 신의 경지에 도전하며 신선을 숭배하고 흉내 내는 어리석음을 저질렀습니다. 하지만 그들의 욕망은 헛된 꿈으로 끝났습니다. 죽음 이후 그들의 화려했던 궁궐은 불타 사라졌고, 부국강병의 위업도 모래성처럼 허무하게 무너져 내렸습니다. 이처럼 끝없는 욕망은 인간에게 가장 큰 고통을 안겨줍니다. 진시황과 한무제는 한때 강력한 군주였지만, 자신의 욕망을 다스리지 못해 영원히 지울 수 없는 욕심쟁이로 역사에 기록되는 불명예를 안았습니다. 이는 인간으로서 겪을 수 있는 가장 큰 고통일 것입니다. 욕심이 많으면 많을수록 고통도 커지는 법입니다. 개인의 삶에서부터 나라를 경영하는 일에 이르기까지, 욕심을 줄이고 본질을 지켜나가는 것이 고통에서 벗어나는 가장 확실한 방법입니다.

한 문장으로 이해하기

끝없는 욕심은 우리 삶에 고통을 불러오지만, 성인들처럼 욕심을 버리고 자연스럽게 살아갈 때 비로소 진정한 행복을 찾을 수 있으며, 진시황과 한무제의 역사적 교훈은 욕망에 눈이 멀면 결국 허무한 삶을 살게 된다는 것을 보여주므로, 우리는 욕심을 버리고 현재에 집중하며 만족하는 삶을 통해 진정한 평화를 얻어야 합니다.

나를 가두는 틀을
깨고 나가라

허심평기(虛心平氣),
마음을 비우고 평정을 유지하는 지혜

허심평기(虛心平氣)라는 말은 바로 이런 의미를 담고 있습니다. 마음을 비우고, 감정에 휘둘리지 않고 차분한 평정심을 유지하는 것이죠. 공부를 하다 보면 때로는 답답하거나 화가 치밀어 오르는 순간이 있습니다. 하지만 바로 이럴 때일수록 마음을 차분하게 가라앉히고, 다른 사람의 말에 귀 기울이는 자세가 더욱 중요합니다.

자기 견해를 버리고 경청에서 시작하는 공부

공부하는 데 있어서 가장 중요한 것은 자신의 견해만을 고집하는 태도를 버리고, 마음속에 자리 잡은 선입견과 고정관념들을 비우는 것입니다. 그리고 다른 사람의 말을 진중하게 경청하는 자세에서부터 진정한 배움은 시작됩니다. 하지만 다른 사람의 말을 듣다 보면, 때로는 거슬리는 내용이 있거나, 자신의 생각과 상반된 견해를 접하게 되어 마음속에 심한 파동이 일어날 수도 있습니다. 이처럼 공부하는 과정에서 가장 어렵고도 중요한 것은 허심평기(虛心平氣), 즉 자기 마음을 비우고, 감정의 동요 없이 평정을 유지하는 것입니다. 이때 우리는 감정이 격해져서 쉽게 말을 내뱉거나, 강한 어조와 과장된 몸짓으로 자신의 의견을 피력하려는 충동을 느낄 수 있습니다.

강한 주장은 본질을 흐릴 수 있다

하지만 한 발짝 물러서서 객관적으로 바라보면, 자신의 생각을 지나치게 강하게 드러내려 할수록 오히려 본질(本

質)에서 멀어질 수 있다는 사실을 깨닫게 됩니다.

한 문장으로 이해하기

남의 말에 귀 기울이고 마음을 비우면 공부가 더 잘된다는 사실, 알고 계셨나요?

우리는 흔히 자신의 생각이 옳다고 단정하고, 다른 사람의 의견을 쉽게 받아들이지 않으려는 경향이 있습니다. 하지만 진정으로 공부를 잘하려면, 자신의 사고방식에만 갇히지 않고, 다양한 사람들의 의견을 열린 마음으로 경청하는 자세를 가져야 합니다. 다른 사람의 생각을 듣는 과정에서 우리는 새로운 시각을 얻고, 더 깊이 사고하며, 문제 해결 능력 또한 획기적으로 키울 수 있습니다. 스티브 잡스 역시 다양한 분야의 전문가들과 적극적으로 협력하며 혁신적인 제품을 개발해낼 수 있었습니다. 이처럼 남의 말에 귀 기울이고 마음을 비우는 것은 단순히 공부를 잘하는 효율적인 방법을 넘어, 더 나은 삶, 더 풍요로운 인간관계를 만들어가기 위한 필수적인 자세입니다. 물론, 마음을 비우고 경청하는 것은 결코 쉬운 일이 아니지만, 꾸준히 노력하고 훈련하면 누구든지 능숙하게 해낼 수 있습니다. 즉, 허심평기(虛心平氣)를 통해 우리는 공부뿐만 아니라 삶의 모든 영역에서 눈부신 성장을 이루어낼 수 있는 것입니다.

화를 다스리고
욕심을 버리면 행복해진다

화와 욕심, 불행의 악순환

우리는 살면서 다양한 상황에서 화를 느끼게 됩니다. 다른 사람과 비교하거나, 일이 내 뜻대로 풀리지 않을 때, 혹은 예상치 못한 상황에 직면했을 때, 우리는 쉽게 분노를 느끼곤 하죠. 하지만 이러한 화는 우리 자신을 지치게 하고, 주변 사람들과의 소중한 관계를 망치는 치명적인 결과를 초래할 수 있습니다.

징분질욕(懲忿窒慾)은 바로 이러한 화를 다스리고, 과도한 욕심을 버리라는 깊이 있는 가르침입니다. 쉽게 말해, 화를 내고 욕심을 부리는 마음을 효과적으로 제어해야 한다는 의미입니다. 욕심을 부리면 쉽게 화가 나고, 화가 나면 또 다른 욕심을 불러일으키는 악순환에 빠지기 쉽습니다. 하지만 반대로, 욕심을 버리고 화를 다스리면 마음이 한결 편안해지고, 삶의 진정한 행복을 누릴 수 있습니다.

시험 불합격, 화 대신 노력을 선택하라

예를 들어, 중요한 시험에서 원하는 만큼 좋은 점수를 얻지 못해 화가 난다고 가정해 봅시다. 이때, 화를 내고 자신을 탓하며 자책하기보다는, 부족한 부분을 냉철하게 분석하고 채우기 위해 더욱 적극적으로 노력하는 것이 훨씬 더 현명하고 건설적인 방법입니다.

왜 우리는 화를 내는가?

근본적으로 우리가 화를 내는 이유는 무엇일까요? 그것은 바로 지나치게 자기중심적인 생각 때문입니다. 모든 일이 내 뜻대로, 내 기대에 부응하여 이루어져야 한다고 생각하기 때문에, 현실이 그렇지 못할 때 우리는 쉽게 분노를 느끼게 되는 것입니다. 하지만 세상은 결코 우리 개인의 뜻에 따라 일방적으로 움직이지 않습니다. 다른 사람들의 생각과 감정 역시 소중하며, 우리는 그것을 존중해야 합니다.

징분질욕, 행복한 삶을 위한 지혜

이러한 차원에서, 징분질욕(懲忿窒慾)은 단순히 도덕적인 교훈을 넘어, 우리를 진정한 행복으로 이끄는 삶의 지혜라고 할 수 있습니다. 화를 다스리고 욕심을 버리는 것은 결코 쉬운 일은 아니지만, 꾸준히 노력한다면 누구든지 충분히 해낼 수 있습니다. 오늘부터라도 징분질욕(懲忿窒慾)의 가르침을 적극적으로 실천하여, 더욱 평화롭고 행복한 삶을 만들어 나가도록 함께 노력해 봅시다.

한 문장으로 이해하기

징분질욕(懲忿窒慾)은 분노를 절제하고 탐욕을 억제해야

한다는 의미를 담고 있습니다. 즉, 훌륭한 사람은 개인적인 욕심에 휘둘리지 않고 올바르고 정의로운 마음을 가지며, 쉽게 화를 내는 대신 침착하게 평정심을 유지해야 합니다. 화와 욕심은 서로를 부추기며 불행을 초래하지만, 이를 다스리면 우리는 비로소 진정한 행복에 가까워질 수 있습니다. 마치 "화내지 말고, 욕심부리지 말자"라는 평범하지만 중요한 격언처럼, 우리는 매 순간 화를 다스리고 욕심을 버리기 위해 의식적으로 노력해야 합니다.

나를 변화시키는
작은 실천

욕망과 불안, 행복을 가리는 그림자

　우리는 끊임없이 더 많은 것을 소유하고 싶어 하며, 남들과의 비교 속에서 불안감을 느끼며 살아갑니다. 하지만 이러한 욕망은 결코 우리에게 진정한 행복을 가져다주지 못합니다. 물질적인 풍요는 일시적인 만족을 줄 뿐, 깊은 내면의 갈증을 해소하지 못합니다. 진정한 행복은 화려한 소유나 겉으로 보이는 성공이 아니라, 고요한 내면의 평화와 다른 사람들과 따뜻한 관계를 맺는 데서 비롯됩니다. 마치 깊은 바닷속에서 영롱하게 빛나는 진주를 찾듯이, 우리는 잠시 바쁜 발걸음을 멈추고 조용히 자기 내면을 깊숙이 들여다보며 진정한 행복의 의미를 찾아야 합니다.

군자유어의 소인유어리(君子喩於義, 小人喩於利), 삶의 나침반

"군자는 의(義)에 밝고 소인은 이(利)에 밝다"라는 말은, 훌륭한 사람은 도덕적 가치를 중요하게 생각하고, 의로움을 실천하는 것을 삶의 습관으로 삼는 반면, 소인은 눈앞의 이익만을 좇는 습관을 지니고 있다는 뜻입니다. 공자(孔子)께서 말씀하신 이 구절을 깊이 생각해 보고 살펴보니, 그 의미가 참으로 가슴에 와닿습니다. 여기서 '밝다'라는 말은 단순히 '안다'는 뜻을 넘어, 그것을 좋아하고 즐겨서 몸에 밴 습관이 되었다는 것을 의미합니다. 습관은 우리가 무엇을 중요하게 여기고, 어떤 목표를 향해 나아가고자 하는지, 즉 우리의 '뜻'으로부터 출발합니다. 의(義)에 뜻을 두면, 우리의 행동과 생각은 자연스럽게 의로움을 향하게 되고, 결국 의에 밝은 사람이 될 수밖에 없습니다. 반대로 이익(利益)에 뜻을 두면, 우리의 모든 행동은 이익을 추구하는 방향으로 기울어지고, 결국 이(利)에 밝아지는 것입니다.

공부의 목표, 삶의 방향을 결정짓는 선택

공부를 하는 사람들은 자신의 '뜻'을 어디에 두고 있는지 분명하게 분별해야 합니다. 예나 지금이나 마찬가지입니다. 시험 성적에 일희일비하며 연연해하는 사람은 오직 성적에만 마음을 쏟고, 단 1점이라도 더 올리기 위해 모든 노력을 기울입니다. 물론 오늘날에는 극히 드문 경우이긴 하지만, 자기 자신을 깊이 성찰하며 본래의 순수한 마음, 즉 본성(本性)을 깨우치려는 데 뜻을 두는 사람은, 틀림없이 자기 자신을 돌아보는 삶을 살아가게 될 것입니다.

두 갈래 길, 우리가 향하는 삶의 모습

사람은 눈을 뜨는 순간부터 끊임없이 무언가를 하며 살아갑니다. 그런데 우리는 과연 어떤 일을 하며 살아가고 있을까요? 세상 사람 누구라도 자신이 좋아하는 일, 하고 싶어 하는 일을 하며 살아갑니다. 수천 년 동안 이어져 온 마음 공부, 즉 삶의 이치를 깨달아 현명(賢明)한 삶을 추구하는 것을 자신의 일로 삼는 사람이 있는가 하면, 세속적인 욕망에 얽매여 속물(俗物)이라는 손가락질을 받으며 허덕이는 사람도 있습니다. 현대 사회에서도 마찬가지입니다. 오직 눈앞의 이익만을 좇으며, 다른 사람을 속이거나 해치는 행동을 서슴지 않고, 결국 이익에만 집착하는 사람이 있습니다. 시험 성적, 승진, 승급에만 모든 것을 걸고 살아가는 사람은, 어쩌면 원하는 것을 얻을 수는 있겠지만, 진정한 학문의 깊이를 깨닫지 못하고 진정한 행복을 누리기는 어렵습니다. 반면에, 끊임없이 자기 자신을 돌아보고 성찰하며, 더 나아가 세상에 이바지하려는 마음을 품고 살아가는 사람은, 아무리 어려운 상황 속에서도 희망을 잃지 않고 꾸준히 성장하며 마침내 성공을 이룰 수 있습니다.

습관의 힘, 삶을 가꾸는 정원사

우리는 매일 반복되는 습관의 굴레 속에서 살아갑니다. 습관은 우리를 무의식적으로 특정한 방향으로 이끄는 강력한 힘을 가지고 있어, 우리 삶의 전반적인 방향을 결정하는 중요한 역할을 합니다. 공자는 이미 오래전부터 습관의 중요성을 강조하며, 의(義)를 중시하는 좋은 습관을 기르는 것이 우리를 더욱 훌륭한 사람으로 만든다고 역설했습니다. 좋은 습관을 기르는 것은 마치 아름다운 정원을 가꾸는 것과 같습니다. 꾸준히 물을 주고 정성껏 가꾸면, 아름다운 꽃이 피어나고 향기가 가득해지듯이, 좋은 습관을 꾸준히 실천하면 우리의 삶도 더욱 풍요롭고 아름답게 변화할 것입니다.

세속을 벗어나 진정한 자아를 찾아

세속적인 욕망에 얽매여 살다 보면, 그 삶에서 벗어날 방법을 찾을 생각조차 하지 못하고, 벗어날 필요성도 느끼지 못한 채, 그저 많은 사람들이 살아가는 것처럼 밥만 먹고, 경제적인 풍요만을 추구하며, 명예를 탐하고,

막강한 권력을 손에 넣어 다른 사람들 위에 군림하고 싶어 합니다. 이러한 생각과 이러한 삶을 우리는 세속적인 삶이라고 부르지 않던가요? 언제쯤 우리는 이 세속적인 삶에서 벗어날 수 있을까요? 아, 진정으로 벗어나고 싶습니다!

한 문장으로 이해하기

현대 사회 속에서 우리는 모두 진정한 행복을 찾아 끊임없이 고민합니다. 물질적인 성공을 추구하며 살아가지만, 때로는 마음 깊은 곳의 공허함을 채우지 못하고, 무한한 욕망과 치열한 경쟁 속에서 우리는 진정한 자아를 잃어버리고 방황하기도 합니다. 하지만 우리는 자기 가치관을 확고하게 정립하고, 소중한 경험과 의미 있는 관계에 집중하며, 끊임없이 내면을 성찰하는 노력을 통해 비로소 진정한 행복을 발견할 수 있습니다. 습관은 우리 삶의 방향을 결정하는 강력한 힘을 지니고 있으므로, 좋은 습관을 꾸준히 길러 삶을 더욱 풍요롭게 가꾸고, 더 나은 사람으로 성장해 나갈 수 있습니다.

남 탓 대신
나를 탓하는 용기

핑계는 시간 낭비, 성장의 열쇠는 자기반성

일이 뜻대로 풀리지 않았을 때, 습관적으로 남을 비난하는 것은 값진 시간을 헛되이 소비하는 어리석은 행동일 뿐입니다. 진정으로 중요한 것은 왜 실패했는지 스스로 깊이 반성(反省)하고, 앞으로 같은 문제를 되풀이하지 않도록 해결책을 적극적으로 모색하는 것입니다. 흔히 잘못의 책임을 회피하며 제자리걸음을 벗어나지 못하는 주된 원인이 바로 원천(怨天)과 우인(尤人), 즉 하늘을 원망하고 다른 사람의 탓으로 돌리는 태도 때문입니다.

남 탓의 굴레에서 벗어나 내면을 성찰하라

이미 벌어진 일을 두고 다른 사람을 탓한들, 무슨 소용이 있겠습니까? 속담에 "잘되면 제 탓, 안 되면 조상 탓"이라는 말이 있지만, 진정한 발전과 성장을 원한다면, 주변 환경이나 다른 사람을 탓하기에 앞서, 자신의 내면에 어떠한 변화가 일어나고 있는지, 자신의 마음은 어떠한 상태인지 깊이 성찰해야 합니다. 안타깝게도, 많은 사람들은 자신의 모습은 제대로 보지 못하고, 다른 사람의 단점이나 잘못만 쉽게 눈에 들어오는 경향이 있습니다. 바로 이러한 시각에서 남 탓하는 마음이 싹트기 시작하는데, 그 '남'이란 사람이 멀리 있는 낯선 사람이 아니라, 우리를 낳아 정성껏 길러주신 부모님이거나, 함께 자라온 형제인 경우가 많아 더욱 안타깝습니다. 성공한 사람은 자신의 강점과 노력을 통해 성공의 원인을 찾지만, 실패한 사람은 자기 자신을 돌아보지 못하고 외부 요인만 탓하는 경우가 많습니다. 과연 자신은 어떠한 태도로 삶에 임하면서, 다른 사람을 비난할 수 있겠습니까? 바르고 이치에 맞는 삶을 꾸준히 살아가다 보면, 결국 모든 일의 원인은 자기 자신에게 달려 있음을 깨닫게 됩니다.

실패에서 배우는 용기, 성장의 발판으로 삼다

　우리는 누구나 실수를 저지를 수 있으며, 때로는 예상치 못한 실패를 경험하기도 합니다. 중요한 것은 실패를 부끄러워하거나 남 탓으로 돌리는 것이 아니라, 자신의 부족한 점을 겸허하게 인정하고, 이를 통해 배우고 개선하려는 용기 있는 자세입니다. 실패는 단순한 실수가 아니라, 우리를 더욱 성장시키고 나아가게 하는 소중한 기회입니다. 긍정적인 마음으로 실패를 받아들이고, 그 값진 경험을 통해 한 단계 더 성장해 나가는 것이야말로 진정한 성공으로 나아가는 지름길입니다. 마치 하늘이 우리의 모든 노력을 묵묵히 지켜보듯이, 우리 또한 끊임없이 배우고 발전하며, 어제보다 더 나은 사람으로 성장해야 합니다.

하늘의 침묵, 그리고 우리에게 주는 메시지

　하늘은 모든 것을 보고 알고 있지만, 묵묵히 비를 뿌려 인간의 삶을 돌아보게 합니다. 다른 사람을 탓하기에 급급하기보다, 자신의 마음을 차분하게 다독이고 추슬러, 오늘

닥친 이 어려움을 슬기롭게 극복해 나가시기 바랍니다.

한 문장으로 이해하기

진정한 성장은 핑계와 남 탓을 버리고, 자신의 부족함을 인정하며 배우려는 용기에서 시작됩니다. 우리는 실수를 통해 배우고 성장할 수 있으며, 긍정적인 태도로 실패를 받아들이고 내면을 성찰하는 과정에서 더욱 강해질 수 있습니다.

당신의 삶을 바꿀
세 가지 질문

현대인의 필수품, 스마트폰과 증자의 가르침

요즘 사람들은 스마트폰을 마치 몸의 일부처럼 여기며, 잠시도 손에서 놓지 못합니다. 소중한 보물 상자를 품에 안고 다니듯, 스마트폰은 이미 우리 삶의 중심에 깊숙이 자리 잡았습니다. 옛 성현인 증자(曾子)는 사람들이 가장 소중하게 생각하는 세 가지 가르침을 끈으로 꿰어 손에 들고 다니며 끊임없이 되새겨야 한다고 했습니다. 마치 우리가 스마트폰을 수시로 확인하듯, 증자는 이 세 가지 가르침을 마음속 깊이 새기고 실천하며 살았던 것입니다.

정보의 홍수 속에서 길을 잃지 않는 지혜

현대 사회는 정보의 홍수 속에 살아가는 시대입니다. 특히 SNS를 통해 타인의 화려한 삶을 엿보며, 우리는 자칫 불안감과 비교 의식에 휩싸이기 쉽습니다. 마치 밤하늘의 빛나는 별을 쫓아 헤매다가, 발아래 피어난 소박하고 아름다운 작은 꽃을 놓치는 것처럼 말입니다. 증자의 가르침은 이러한 우리에게 잠시 멈춰 서서 스스로에게 집중하고, 진정한 행복이 무엇인지 깊이 깨닫도록 이끌어 줍니다.

증자가 경계한 세 가지 함정

증자는 우리가 경계해야 할 세 가지 마음가짐을 다음과 같이 명확하게 제시했습니다. "첫째는 속마음으로는 멀리하면서 겉으로만 친한 척하려는 위선적인 모습, 둘째는 자신의 부족함은 돌아보지 않고 다른 사람을 원망하는 부당한 마음, 셋째는 평소에는 아무런 준비 없이 안일하게 지내다가, 막상 근심과 걱정이 닥쳐온 후에야 하늘을 부르짖으며 후회하는 어리석음"입니다.

관계의 본질, 진심과 소통의 중요성

마치 스마트폰을 통해 끊임없이 사람들과 소통하듯, 우리는 주변 사람들과 다양한 관계를 맺으며 살아갑니다. 하지만 겉으로만 친하게 지내면서 속으로는 다른 사람을 헐뜯거나 시기하는 것은 결코 진정한 관계라고 할 수 없습니다.

책임감 있는 자세, 후회 없는 삶을 위한 지혜

또한, 자신의 부족함을 인정하지 않고 모든 문제의 원인을 남에게서만 찾으려는 태도는 문제 해결에 전혀 도움이 되지 않습니다. 어려움이 닥쳤을 때 비로소 후회하고 자책하는 것 또한 이미 늦은 일이며, 의미 없는 행동입니다. 증자의 가르침은 시대를 초월하여 오늘날 우리에게도 여전히 깊은 울림을 주며, 많은 것을 시사합니다. 스마트폰을 통해 세상과 소통하는 것처럼, 우리는 증자의 가르침을 마음속에 새기고 실천함으로써, 우리 자신과 세상을 더욱 깊이 이해하고 풍요로운 삶을 살아갈 수 있습니다.

삶의 방향을 묻는 세 가지 질문

 여러분은 삶에서 어떤 가치를 가장 소중하게 생각하시나요? 그리고 그 가치를 실현하기 위해 어떤 노력을 기울이고 있나요? 증자의 가르침을 다시 한번 되새기며, 우리 삶의 방향을 진지하게 고민하고, 되돌아보는 소중한 시간을 가져보는 것은 어떨까요?

한 문장으로 이해하기

 옛날에도 사람들은 지금처럼 중요한 가치를 추구하며 살았으며, 현명한 스승인 증자는 우리 삶을 변화시킬 수 있는 세 가지 핵심 가르침을 제시했습니다. 마치 우리가 핸드폰을 항상 가까이 두고 자주 확인하듯이, 증자의 가르침을 마음속에 깊이 새기고 끊임없이 되새겨야 합니다. 그 세 가지 가르침은 다음과 같습니다. 첫째, 겉으로는 친한 척하면서 속으로는 싫어하는 위선적인 태도를 경계해야 하며, 둘째, 자신의 잘못은 인정하지 않고 남을 탓하는 부당한 마음을 버려야 하고, 셋째, 문제가 발생한 후에야 후회하는 어리석음을 피하고 미리 대비해야 한다는 것입니다. 쉽게 말해, 우리는 항상 진심으로 다른 사람을 대하고, 자신의 부족함을 인정하며, 미래를 예측하고 준비하는 지혜로운 삶을 살아야 한다는 것입니다. 이 세 가지 가르침을 마음속 깊이 새기고 꾸준히 실천한다면, 우리는 더욱 성숙하고 발전된 존재로 성장할 수 있을 것입니다.

삶의 지혜를
찾는 여정

주역, 고대 현인들의 지혜가 담긴 책

주역은 과연 어떤 책일까요?

주역은 먼 옛날부터 수많은 현명한 사람들이 함께 만들어 온 심오한 책입니다. 이 책 안에는 하늘과 땅, 그리고 그 사이에서 살아 숨 쉬는 모든 생명체들의 움직임을 관통하는 깊고 오묘한 이치들이 담겨 있습니다. 마치 거대한 숲처럼 복잡하고 방대한 내용을 담고 있어서, 예로부터 많은 사람들이 주역을 통해 세상의 변화를 예측하고, 더 나은 삶을 살아갈 수 있는 지혜를 얻고자 노력해 왔습니다.

주역, 세상을 이해하는 소중한 가르침

주역(周易)이라는 책은 분명 쉽지 않은 책입니다. 하지만 우리가 살아가는 이 세상을 깊이 이해하는 데 큰 도움을 주는 소중한 가르침들이 그 안에 가득 담겨 있습니다. 주역은 어느 한 사람의 손에서 탄생한 것이 아닙니다. 아주 오랜 옛날부터 수많은 현자들이 함께 연구하고 끊임없이 발전시켜 온 놀라운 결과물이죠. 그들은 하늘과 땅, 그리고 그 모든 것들을 이어주는 생명체들 사이의 질서와 원리를 밝혀내기 위해 평생을 바쳤습니다. 그리고 그들의 위대한 노력 덕분에, 우리는 주역을 통해 세상의 변화를 예측하고, 더욱 가치 있고 풍요로운 삶을 살아갈 수 있는 지혜를 얻게 된 것입니다.

도학, 삶의 이치를 깨닫는 학문

하지만 주역을 온전히 이해하기란 결코 쉬운 일이 아닙니다. 마치 광활하고 울창한 숲속에서 길을 잃고 헤매는 것과 같은 어려움을 느낄 때가 많습니다. 그래서 예로부터 수많은 사람들이 주역을 깊이 연구하고, 그 숨겨진 의미를 풀어내기 위해 끊임없이 노력해 왔습니다. 이렇게 주역을 깊이 있게 공부하는 학문을 '도학'이라고 부릅니다. 도학은 단순히 책을 읽고 지식을 쌓는 것에 그치지 않습니다. 우리가 매일 살아가는 이 세상의 근본적인 이치를 깨닫고, 더 나은 인간으로 성장하기 위해 끊임없이 노력하는 모든 과정을 아우르는 심오한 학문이라고 할 수 있습니다.

혼란스러운 세상 속에서 길을 잃지 않는 지혜

현대 사회는 너무나 빠르게 변화하고 있으며, 우리는 끊임없이 쏟아지는 방대한 정보에 둘러싸여 살아가고 있습니다. 이처럼 복잡하고 혼란스러운 세상 속에서, 우리는 무엇이 진정으로 중요한 것인지, 어떤 가치를 추구하며 살아가야 하는지 헷갈릴 때가 많습니다. 하지만 도학을 통해 우리는 삶의 진정한 가치를 깨닫고, 어떤 선택을 해야 할지 현명하게 판단할 수 있는 지혜를 얻을 수 있습니다. 우리가 학교에서 배우는 다양한 과목들도 물론 중요하지만, 도학처럼 인간이 어떻게 살아가야 하는지, 삶의 근본적인 이치는 무엇인지 배우는 것 또한 매우 중요합니다. 도학을 통해 우리는 더 나은 세상을 만들어 나가는 데 긍정적인 영향을 미칠 수 있습니다.

한 문장으로 이해하기

주역은 하늘과 땅, 그리고 모든 생명체 사이의 심오한 이치를 담고 있는 고대의 지혜서입니다. 마치 거대한 우주의 질서를 담은 지도와 같이, 주역은 세상의 변화와 원리를 설명하고 미래를 예측하는 데 중요한 역할을 했습니다. 도학은 이러한 주역의 깊고 풍부한 의미를 해석하고 연구하는 학문으로, 우리 삶에 실질적인 지혜와 통찰력을 제공합니다. 도학을 통해 우리는 혼란스러운 세상 속에서 삶의 올바른 방향을 설정하고, 현명한 선택을 내릴 수 있습니다. 또한, 주변 사람들과 더욱 원만하고 조화로운 관계를 맺고, 궁극적으로 행복하고 가치 있는 삶을 살아갈 수 있는 지혜를 얻을 수 있습니다. 마치 어두운 밤하늘을 밝게 비추는 빛나는 별처럼, 주역과 도학은 우리에게 삶의 여정에서 길을 잃지 않도록 안내하는 등대와 같은 역할을 합니다.

인생의 시련을
어떻게 극복할 것인가?

둔난(屯難), 새로운 시작을 위한 성장통

둔난(屯難)은 단순히 겪는 어려움을 넘어, 새로운 시작을 위한 필연적인 준비 과정이자, 우리 안에 잠재된 무한한 가능성을 일깨우고 성장시키는 소중한 시련을 의미합니다. 마치 긴 겨울잠에서 깨어나 따뜻한 봄 햇살 아래 힘차게 돋아나는 새싹처럼, 둔난은 고통스럽고 힘들지만, 새로운 시작을 위한 필수적인 통과의례입니다. 굳은 땅을 뚫고 솟아오르는 여린 새싹의 강인한 생명력처럼, 우리 안에 내재된 강인한 힘을 일깨워 주는 것이 바로 둔난입니다.

둔난을 극복하고 역사를 만든 위대한 인물들

역사 속에서 위대한 업적을 이루고 뚜렷한 족적을 남긴 수많은 인물들은 모두 둔난의 시기를 거쳤지만, 끊임없는 노력과 뜨거운 열정으로 온갖 역경을 극복하고 마침내 성공을 쟁취했습니다. 둔난은 결코 넘을 수 없는 절망의 벽이 아니라, 우리를 더욱 강하게 단련시키고 한 단계 더 도약할 수 있도록 돕는 소중한 발판이 됩니다. 작은 역경에도 쉽게 좌절하고 포기하는 사람이 있는가 하면, 아무리 크고 혹독한 시련이 닥쳐와도 꿋꿋하게 이겨내는 사람도 있습니다. 둔난의 어려움은 결국 우리 삶의 일부분일 뿐이며, 지나가는 과정일 뿐입니다. 둔난을 이겨내는 경험을 통해 우리는 더 나은 미래를 향해 힘차게 나아갈 수 있는 용기와 지혜를 얻습니다.

주역이 말하는 둔난, 새 생명의 탄생

주역(周易)에서는 둔난(屯難)을 하늘과 땅이 처음으로 생겨난 후, 어둠 속에서 힘겹게 움트는 새싹의 모습에 비유하여 그 심오한 이치를 설명하고 있습니다. 싹이 돋아나기 위해 겪는 고통은, 곧 새로운 생명이 탄생하려는 아름다운 몸부림이며, 둔난은 바로 새로운 시작을 알리는 희망찬 신호인 것입니다.

둔난을 극복하는 힘, 협력과 연대

혼자서는 감당하기 어려운 벅찬 상황에 직면했을 때, 주변 사람들과 서로 존중하고 협력하며 굳건하게 연대하여 어려움을 함께 헤쳐나가야 한다는 중요한 메시지를 주역은 우리에게 전하고 있습니다. 진정으로 성공을 꿈꾸는 사람이라면, 둔난의 깊은 의미를 마음속에 되새기고, 현재 자신의 상황이 아무리 힘들고 고통스럽더라도, 굳건히 땅을 뚫고 솟아오르는 새싹의 강인함을 떠올리며, 반드시 이 시련을 극복하고 아름다운 꽃을 피워 세상 모든 사람에게 기쁨을 선사하겠다는 강한 의지를 다짐해야 합니다. 둔난은 결코 우리를 좌절시키기 위한 시련이 아니라, 우리 안에 잠재된 무한한 가능성을 마음껏 발휘하고 더욱 성숙한 존재로 성장할 수 있는 소중한 기회입니다.

한 문장으로 이해하기

우리는 모두 성장하는 과정에서 수많은 어려움을 겪지만, 서로를 존중하고 따뜻하게 격려하며 힘을 모아 함께 나아갈 때, 더욱 큰 행복과 풍요로움을 느낄 수 있습니다. 마치 척박한 땅을 뚫고 피어나는 아름다운 새싹처럼, 우리도 서로에게 든든한 버팀목이 되어주고, 서로에게 용기를 불어넣으며 함께 성장해야 합니다.

걸림돌을 털어내고
미래를 향해 나아간다

인생의 걸림돌, 성장을 방해하는 장애물

우리 삶에는 항상 크고 작은 문제들이 끊임없이 존재합니다. 마치 입안에 낀 음식물처럼, 때로는 사소하지만 몹시 불편하고 짜증을 유발하는 존재들이죠. 이러한 문제들을 제대로 해결하지 않고 그대로 방치하면, 우리의 삶은 점점 더 고통스럽고 어려워질 수밖에 없습니다.

서합(噬嗑), 걸림돌을 제거하고 나아가는 용기

'서합(噬嗑)'은 바로 이러한 문제들을 적극적으로 해결하고, 더 나은 미래를 향해 힘차게 나아가라는 강력한 메시지를 담고 있습니다. 마치 입안에 낀 것을 뱉어내듯이, 우리 삶의 발목을 잡는 걸림돌들을 과감하게 제거해야 한다는 것입니다. 서합(噬嗑)은 마치 위턱과 아래턱 사이에 끼어 입안에서 불편함을 유발하는 이물질을 씹어서 삼키거나, 뱉어내야 하는 상황에 비유될 수 있습니다. 하나로 뭉치면 막강한 힘을 발휘하지만, 둘로 갈라지면 그 힘은 반감됩니다. 그런데 그 하나를 갈라놓는 걸림돌이 그 사이에 끼어들게 되면, 결국 두 갈래, 세 갈래, 심지어 천 갈래, 만 갈래로 갈기갈기 찢어지는 것이 세상의 이치입니다. 말로는 쉽게 하나가 될 수 있지만, 신발 속에 들어온 아주 작은 돌멩이 하나도 발을 내디딜 때마다 우리를 찌르고 괴롭히는 것처럼, 삶의 걸림돌은 사소해 보여도 결국에는 큰 고통을 안겨줍니다.

걸림돌을 넘어, 더 나은 삶을 향하여

정당이든 회사든, 우리 개인의 삶이든, 걸림돌이 되는 요소를 하나하나 끈기 있게 찾아내어 제거하고 나면, 막강한 힘을 발휘하는 하나의 굳건한 존재로 거듭나 어떠한 어려움도 능히 극복할 수 있습니다. 지금 우리 사회의 혼란스러운 정치 현실을 보면 이 말의 의미를 더욱 절실하게 느낄 수 있습니다. 우리 삶에도 반드시 제거해야 할 것들이 있고, 때로는 삼켜서 소화시켜야 하는 문제들도 존재합니다. 온갖 시련과 고통이 우리를 찾아올 때, 그것을 귀한 손님처럼 맞이하여 꿀꺽 삼켜 소화시키면, 우리는 더욱 강인하고 성숙한 삶의 주인공으로 우뚝 서게 됩니다. 하지만 반대로, 그 걸림돌로 인해 순조롭게 나아가던 삶의 항해가 좌초될 수도 있으므로, 걸림돌을 제거하는 일은 매우 중요한 의미를 지닙니다. 이러한 삶의 지혜를 담고 있는 것이 바로 서합괘의 가르침입니다.

한 문장으로 이해하기

인생의 걸림돌은 우리의 성장을 방해하고 행복을 가로막는 장애물입니다. 이러한 걸림돌을 효과적으로 제거해야 비로소 우리는 더 나은 삶을 살고, 진정한 목표를 달성하며, 궁극적으로 행복을 쟁취할 수 있습니다. 문제를 정확히 파악하고, 구체적인 해결책을 찾아 적극적으로 실행에 옮기는 끈기와 용기를 발휘하는 노력을 통해, 우리는 걸림돌을 하나씩 극복하고 더욱 성숙한 존재로 나아갈 수 있습니다. 꾸준히 노력하고 포기하지 않는다면, 우리는 분명 더 밝고 아름다운 미래를 만들어갈 수 있을 것입니다.

Part 3

성공의 비결과
리더십의 본질

곽탁타전이 말하는 성공
나의 잠재력을 깨우다
당신 안에 숨겨진 무한한 가능성을 깨우라
사람을 움직이게 하는 힘
나를 낮추고 세상을 높이는 겸손의 리더십
왜 높은 자리에 오른 사람들은 고독할까?
성공한 사람들의 비밀, 역지사지(易地思之)
나눔과 베풂이 만드는 성공
훌륭한 리더는 정원사와 같다
사람을 만나도 만날 사람을 만나라
걸림돌을 극복하고 다시 일어서세요
성공의 칼날, 발등을 찍다
역사가 증명하는 진리, 권력은 무섭다

곽탁타전이
말하는 성공

자연의 순리를 따르는 삶의 지혜

나무를 키우는 것처럼 우리의 삶도 정성과 인내가 필요합니다. 너무 조급하게 결과를 바라기보다는 과정을 즐기고, 자신을 믿으며 꾸준히 나아가는 것이 중요합니다. 주변 사람들과의 관계에서도 마찬가지입니다. 서로를 존중하고 신뢰하며, 각자의 개성을 있는 그대로 존중해 줄 때 더욱 건강하고 풍요로운 관계를 만들어갈 수 있습니다.

인위적인 노력보다 자연스러운 흐름에 맡겨라

세상의 모든 일은 지나치게 의도하는 마음을 가지면 오히려 힘이 들고, 억지로 잘하려 하면 오히려 서툴러지는 경향이 있습니다.

凡事有心則費力하고 求工則反拙이라.

(범사유심즉비력 하고 구공즉반졸 이라)

집에서 난을 키워보면 이 말을 실감할 수 있습니다. 난을 잘 자라도록 해주는 것은 어떤 이치일까요? 당나라 유종원이 쓴 종수곽탁타전(種樹郭橐駝傳)에서 그 답을 찾아볼 수 있습니다.

곽탁타의 나무 키우기 비법

옛날에 곽탁타라는 사람이 있었습니다. 그는 등이 높이 솟아올라 낙타 같은 형상을 하고 있었습니다. 본명은 따로 있었지만, 동네 사람들이 탁타라고 부르면서 그 자신도 그 이름이 적당하다고 받아들였습니다. 하지만 그는 남다른 능력을 지니고 있었습니다. 나무를 심고 가꾸는 데 있어서 다른 사람들이 따라갈 수 없는 뛰어난 경지에 이르렀던 것입니다.

탁타(橐駝)가 심거나 옮겨 심은 나무는 모두 살아남았을 뿐만 아니라, 크고 무성하게 자라나 일찍 열매를 맺고 번성한다는 소문이 퍼졌습니다. 이 소문을 들은 부유한 사람들은 귀한 나무를 옮겨 심거나 많은 과일을 얻기 위해 그에게 나무를 심고 길러달라고 부탁했습니다. 사람들이 궁금해하며 그 비결을 물었습니다.

"당신은 어떻게 나무를 잘 살리고 많은 과일을 맺게 할 수 있습니까?"

"제가 특별한 기술이 있는 것이 아니라, 나무의 본성을 최대한 존중하고 지켜주려고 노력할 뿐입니다. 나무는 뿌리가 꼬이지 않고 곧게 뻗어나가기를 원하고, 흙을 덮어줄 때는 평평하게 고르게 덮어주기를 바랍니다. 또한, 자신이 원래 살던 곳이나 어릴 적부터 자라온 흙을 좋아하므로, 흙을 함부로 바꾸지 않기를 원하며, 나무를 심고 나서는 바람이 들어가지 않도록 흙을 잘 다져주는 것을 좋아합니다.

심고 나서는 나무가 죽었는지 살았는지 마음을 졸이며 자주 들여다보지 않고, 심을 때는 마치 자식을 대하듯 정성껏 심되, 심고 난 뒤에는 완전히 잊어버리고 신경 쓰지 않아야 합니다. 그러면 적절한 시간이 흘러 나무의 본성이 발휘되어 저절로 새순이 돋고 뿌리가 쭉쭉 뻗어 나가게 되는 법입니다. 이것이 제가 나무의 성장을 방해하지 않고, 크게 키우고 번성하게 하는 유일한 방법입니다."

以能順木之天以致其性焉爾 凡植木之性이 其本은 欲舒하고 其培는 欲平하고 其土는 欲故하고 其築은 欲密이니 旣然已어든 勿動勿慮하고 去不復顧하여 其時也若子하고 其置也若棄면 則其天者 全而其性得矣리라.

(이능순목지천이치기성언이 범식목지성이 기본은 욕서하고 기배는 욕평하고 기토는 욕고하고 기축은 욕밀이니 기연이이어든 물동물려하고 거불부고하여 기시야야자하고 기치야약기면 즉기천자 전이기성득의리라.)

잘못된 나무 사랑, 결국 나무를 죽인다

그러나 다른 사람들은 나무를 심을 때 뿌리가 흙에 묻히기 전에 배배 꼬인 채로 심거나, 새 흙으로 바꿔 심거나, 흙을 제대로 덮어주지 않는 등 잘못된 방식으로 심습니다. 또, 나무를 너무 극진히 아끼는 사람은 심어놓고 나서도 아침저녁으로 나무가 살았는지 죽었는지 안절부절못하며 살피고, 심지어 손톱으로 껍질을 긁어보거나 뿌리를 흔들어 심어졌는지 확인하는 어리석은 행동을 합니다. 이는 나무를 위하는 것이 아니라 오히려 나무를 제대로 살지 못하게 하는 것입니다.

사람의 관점에서는 나무를 사랑하는 것처럼 보일지 모르지만, 나무 입장에서는 자신을 자꾸 흔들어대고 뿌리가 제대로 뻗어나가지 못하게 방해하는 것이므로, 결국 그 나무는 오래 살지 못하고 죽게 됩니다. 세상의 모든 이치가 이와 같습니다. 지나치게 의도적으로 관심을 기울이고 억지로 하려고 하면 제대로 되는 일이 훨씬 적고, 아예 마음을 두지 않으면 아무것도 할 수 없습니다. 그러므로 일을 시작하기 전에 치밀하게 계획하고 꼼꼼하게 추진하되, 일이 진행되는 과정에서 중간에 다시 뜯어고치려는 생각을 버리고 묵묵히 지켜보는 자세가 필요합니다.

한 문장으로 이해하기

곽탁타의 나무 키우기 지혜는 자연의 이치를 존중하고,

인내하며 기다리는 것의 중요성을 보여줍니다. 옛날 사람 곽탁타는 나무를 심고 가꿀 때, 나무의 천성을 존중하고 자연스러운 성장을 도왔습니다. 마치 어린아이를 키우듯, 나무에게도 적절한 환경을 제공하고 스스로 성장할 수 있도록 기다리는 것이 중요하다고 여겼습니다. 이러한 그의 방식은 단순히 나무를 잘 키우는 방법을 넘어, 우리 삶에도 적용할 수 있는 깊은 의미를 담고 있습니다. 즉, 자연의 이치를 존중하고, 과도한 간섭을 피하며, 믿음을 가지고 기다리는 것이 모든 생명체의 성장에 필수적이라는 것입니다. 이는 우리가 다른 사람과의 관계나 자기 성장에 있어서도 마찬가지로 적용할 수 있는 중요한 교훈입니다.

나의
잠재력을 깨우다

천리마(千里馬), 우리 안에 잠든 가능성

혹시 천리마(千里馬)라는 말을 들어본 적이 있습니까? 천리마의 기준은 하루라는 시간으로 정해져 있습니다. 하루에 천 리를 달릴 수 있는 뛰어난 능력을 갖추었을 때 비로소 천리마라고 부릅니다. 일반적인 말들은 30리, 40리만 달려도 기운이 모두 소진(消盡)되어 더 이상 달리기 어렵지만, 천 리를 거뜬히 달릴 수 있는 천리마는 지치지 않고 끊임없이 달릴 수 있다는 의미입니다. 어떤 시대든 그 시대를 이끌어갈 뛰어난 인재(人材)는 그 시대 안에 존재하기 마련입니다. 다만 우리가 그 인재를 알아보지 못하고, 찾아내어 그 능력을 마음껏 발휘하도록 제대로 활용하지 못하기 때문입니다.

천리마가 되기 위한 노력, 인재를 알아보는 안목

이러한 천리마의 비유를 통해 우리는 두 가지 측면에서 깊이 생각해 볼 수 있습니다. 첫째는, 나 자신이 과연 천리마의 잠재력을 지니고 있는지, 그리고 그 잠재력을 현실로 만들기 위해 얼마나 노력하고 있는지를 스스로에게 물어야 합니다. 둘째는, 다른 사람의 뛰어난 재능을 알아보고 그 가치를 발견하는 안목(眼目)을 갖춰야 한다는 점입니다. 진정으로 자신의 능력을 알아주고 믿어주며, 올바른 방향으로 이끌어줄 수 있는 안목 있는 사람을 만난다면, 천리마의 잠재력을 지닌 사람들에게는 얼마나 큰 행복이겠습니까? 사실, 오늘날에도 천리마는 우리 주변에서 어렵지 않게 찾아볼 수 있습니다.

각 분야의 최고, 천리마로 인정받는 사람들

각 분야에서 최고의 경지에 도달하여 뛰어난 업적을 이룬 사람들은, 세상 사람들로부터 천리마로 인정받기 때문입니다. 모든 일에는 시작이 있어야 끝이 있는 법이며, 시작이 좋아야 끝도 좋은 법입니다.

관계의 시작과 끝, 천리마의 안목이 중요

사람과의 관계도 마찬가지입니다. 처음 만남은 좋게 시작했지만, 중간에 예상치 못한 어려움이나 문제가 발생했을 때, 그 어려움을 함께 극복하고 해결하려는 마음가짐을 가진 사람과, 그 작은 문제 때문에 모든 것을 포기하고 관계를 쉽게 저버리는 사람의 태도는 극명하게 대비됩니다. 천리마는 언제나 존재하지만, 그 천리마를 알아보고 그 진가를 제대로 발휘하게 해주는 안목(眼目)을 지닌 사람은 어느 시대에나 절실히 요구되는 중요한 존재입니다.

한 문장으로 이해하기

우리 안에 잠재된 천리마(千里馬)의 가능성을 깨워, 더욱 아름다운 세상을 함께 만들어 나가야 합니다. 우리는 저마다 특별한 재능과 무한한 잠재력(潛在力)을 품고 태어났습니다. 마치 하루에 천 리를 달릴 수 있는 천리마처럼, 우리도 끊임없는 노력과 자기 계발을 통해 놀라운 일들을 해낼 수 있습니다. 하지만 안타깝게도, 많은 사람들이 자신의 숨겨진 잠재력을 제대로 알지 못하거나, 다른 사람의 무한한 가능성을 간과(看過)하는 경우가 많습니다. 우리는 모두 천리마가 될 수 있는 잠재력을 가지고 있기에, 자신의 재능을 믿고 끊임없이 갈고닦으며 노력해야 합니다. 동시에 다른 사람들의 숨겨진 잠재력을 발견하고 응원하며 격려하는 따뜻한 마음을 가져야 합니다. 마치 땅속에 묻힌 보석을 찾아내어 그 빛을 발하게 하듯이, 우리 안의 천리마를 발견하고, 서로의 가능성을 믿으며 함께 손잡고 더욱 아름다운 세상을 만들어 나가야 합니다.

당신 안에 숨겨진
무한한 가능성을 깨워라

하늘의 이치를 본받아 끊임없이 나아가라,
자강불식(自强不息)

하늘을 바라보십시오. 더 멀리, 더 깊이, 더 높이 시선을 옮겨보십시오. 눈에 보이는 덧없는 허상(虛像)에 현혹되지 말고, 하늘이 영원히 변치 않는 그 심오한 이치(理致)를 깨달으십시오. 그리고 그 하늘의 본모습을 본받아 끊임없이 변화하고 발전하는 그 영원한 흐름을 따라 행하십시오. 그것이 바로 자강불식(自强不息), 즉 스스로 강해지기 위해 단 한순간도 쉬지 않고 부단히 노력하는 삶의 정신이 아니겠습니까?

자기 계발, 현대 사회의 필수 생존 전략

빠르게 변화하는 현대 사회에서 자기 계발은 더 이상 선택 사항이 아닌 필수적인 생존 전략입니다. 스마트폰 하나로 전 세계의 방대한 지식을 손쉽게 얻을 수 있는 이 놀라운 시대에, 우리는 끊임없이 배우고 성장하며 변화에 발맞춰 나아가야 합니다. 마치 하늘이 쉼 없이 변화하고 발전하는 것처럼, 우리 또한 스스로를 더욱 강하게 단련하고 끊임없이 노력하는 자세를 잃지 않아야 합니다.

작은 실천이 가져오는 놀라운 변화

자기 계발은 거창한 목표에서 시작되는 것이 아닙니다. 오히려 아주 작은 실천에서부터 시작됩니다. 매일 30분씩 책을 읽는 습관을 만들거나, 새로운 분야를 공부하거나, 꾸준히 운동을 하는 등, 일상 속에서 실천할 수 있는 작은 습관 하나를 정해 꾸준히 실천해 보세요. 작은 노력이 쌓이고 쌓여, 어느새 눈부신 변화를 경험하게 될 것입니다.

위대한 인물들이 증명한 자기 계발의 힘

역사 속에서 위대한 업적을 이루고 성공적인 삶을 살았던 인물들은 모두 자기 계발을 통해 자신의 잠재력을 마음껏 발휘했습니다. 세종대왕은 끊임없는 학문 연구와 백성을 위한 헌신적인 노력으로 조선의 황금시대를 열었고, 스티브 잡스는 혁신적인 아이디어와 과감한 도전 정신으로 애플을 세계적인 기업으로 성장시켰습니다. 이처럼, 우리도 스스로의 힘으로, 자신의 끊임없는 노력으로 무한한 가능성을 실현할 수 있습니다.

당신 안에 잠재된 무한한 가능성을 믿으세요

당신 안에는 아직 발견되지 않은 무한한 가능성이 숨겨져 있습니다. 스스로를 믿고, 두려워하지 말고 끊임없이 새로운 목표에 도전하십시오. 수많은 어려움에 부딪히고 좌절을 경험하더라도 결코 포기하지 말고, 긍정적인 마음으로 앞으로 나아가십시오.

함께 배우고 성장하는 아름다운 여정

자기 계발은 혼자서 외롭게 해나가는 고독한 싸움이 아닙니다. 주변 사람들과 함께 배우고 성장하며, 서로를 진심으로 응원하고 격려하는 따뜻한 관계 속에서 더욱 큰 시너지 효과를 창출할 수 있습니다.

오늘부터 시작하는 작은 변화, 풍요로운 미래

지금 바로, 당신의 삶에 긍정적인 변화를 가져다줄 작은 실천을 시작해 보세요. 당신의 삶은 이전보다 훨씬 더 풍요롭고 행복해질 것입니다.

사람을
움직이게 하는 힘

군사를 움직이는 엄격한 법, 사출이율(師出以律)

군사(軍師)를 움직일 땐 엄격한 법(法)이 필요합니다. 법이란 꼭 필요한 것입니다! 특히 수많은 사람이 참여하는 전쟁터에서, 법이 없다면 사람의 욕심에 따른 제멋대로인 행동을 효과적으로 규제할 수 없습니다. 시시각각 변하는 인간의 마음, 법이 제대로 작동하지 못하면 큰 혼란이 벌어집니다. 수만 명의 병사가 이동할 때, 군율(軍律)이 제대로 확립되지 못하고, 만백성의 삶에 법이 제대로 지켜지지 않는다면, 그 결과는 뻔합니다. 오합지졸(烏合之卒)의 무질서와 혼돈으로 가득 찬 세상이 될 것입니다.

시작의 중요성, 법 기강(紀綱)의 필요성

모든 일에 있어서 시작이 가장 중요합니다. 그 시작 단계에서 법(法)의 기강(紀綱)을 제대로 세우지 못하면, 일의 조리가 제대로 서지 않고, 일의 선후와 순서를 놓쳐 일을 효율적으로 수행할 수 없게 됩니다. 그만큼 시작의 중요성과 법 기강(紀綱)의 필요성은 아무리 강조해도 지나치지 않습니다. 사람들을 움직이는 방법에는 두 가지가 있습니다. 하나는 마음에서 우러나와 자발적으로 따르게 하는 고차원적인 방법이고, 또 다른 하나는 최소한의 질서 유지를 위해 강제적인 기준을 마련하는 방법입니다. 여기서 최소한의 기준을 법(法)이라 하고, 그 법을 따르지 않으면 그에 상응하는 제재 조치가 뒤따릅니다.

군사(軍師)를 움직이는 법, 생과 사의 갈림길

특히 수많은 사람이 질서정연하게 이동해야 할 때는 최소한의 기준을 제시하고, 그 기준에 따라 명확하게 호령(號令)을 내려야 합니다. 군사(軍師)란 삶과 죽음이 엇갈리는 전쟁터로 향하는 것이며, 나라의 운명을 짊어진 중대한 임무를 띤 사람들입니다.

주역(周易)의 해법, 사출이율(師出以律)

주역(周易)에서는 사출이율(師出以律)이라 하여 군사를 출정(出征)시킬 때는 법률로써 통솔해야 한다고 명쾌하게 답을 제시하고 있습니다. 법이 없다면 수많은 사람은 개인적인 욕심에 따라 조금이라도 더 편하고, 더 쉽게, 더 빨리 목적지에 도달하고 싶은 욕망에 사로잡히게 됩니다. 그러나 사람은 저마다 소질과 능력의 차이가 있고, 빠르기와 느림의 정도가 다르므로, 일정한 시간 안에 일정한 장소에 도달하는 것을 그날그날의 목표로 삼고, 그 목표를 달성할 수 있도록 일정한 법칙을 세워놓는 것이 바로 법률입니다. 이러한 법률이 없다면 필연적으로 오합지졸(烏合之卒)의 혼란에 빠지고, 결국 목표지에 도달하지 못하는 심각한 문제가 발생합니다. 따라서 사출이율(師出以律)이라는 네 글자는 군사들을 효율적으로 움직일 때 반드시 필요한 핵심 조건이기도 합니다.

한 문장으로 이해하기

사출이율(師出以律)은 함께 일할 때 반드시 필요한 규칙을 만들고, 그 규칙을 엄격하게 지켜야 한다는 중요한 의미를 담고 있습니다. 마치 군대에서 엄격한 법규가 존재하듯이, 규칙이 없다면 사람들은 각자 제멋대로 행동하여 조직 내부에 심각한 혼란과 갈등을 야기할 수 있습니다. 규칙은 사람들이 서로 협력하고, 업무를 효율적으로 수행하며, 공동의 목표를 달성할 수 있도록 돕는 중요한 역할을 합니다. 학교, 회사, 그리고 우리 사회 곳곳에서 규칙을 준수하는 것은 단순히 남의 말을 듣는 수동적인 행위가 아니라, 사회의 구성원으로서 책임감을 가지고 성숙하게 행동하는 능동적인 자세입니다.

나를 낮추고 세상을 높이는 겸손의 리더십

나에게 주어진 몫을 아는 지혜: 분수(分數)의 의미

사람은 저마다 정해진 책임과 감당할 수 있는 능력을 가지고 태어납니다. 이를 '분수(分數)'라고 합니다. 자신이 가진 분수를 정확히 파악하는 것은 매우 중요한 일입니다. 지나고 나서야 깨닫게 되는 "나에게는 너무 과분한 것이었구나, 내 능력 밖의 일이었구나"라는 후회는, 결국 자신의 분수를 제대로 알지 못했기 때문에 생겨나는 것입니다.

넘치는 칭찬과 욕심, 감당할 수 없는 무게

과분한 칭찬, 과분한 상, 과분한 대우. 이 모든 것들은 사실 우리에게 감당하기 힘든 짐이 될 수 있습니다. 아무리 노력한다 해도 다른 사람이 가진 모든 것을 가질 수는 없습니다. 오랜 세월 이어져 온 가풍(家風)이나 소중한 유품(遺品)조차, 욕심을 부린다고 해서 모두 차지할 수 없는 것은, 바로 우리에게 정해진 분수가 있기 때문입니다.

미리 알아차리는 지혜, 재앙을 피하는 등불

세상에 우연히 일어나는 일은 없습니다. 모든 일에는 일어나기 전에 작은 조짐, 즉 기미(幾微)가 나타납니다. 어떤 일이든 발생하기 전에 그 일이 어떻게 진행될지 보여주는 실마리가 존재합니다. 이 기미를 미리 알아차릴 수 있다면, 우리에게 닥쳐올 어려움을 조금이나마 슬기롭게 피할 수 있습니다.

성공의 정점에서 멈추는 용기, 겸손의 리더십

 특히, 성공 가도를 달리고 있을 때, 남들이 부러워할 정도로 잘나갈 때, 그때 물러설 줄 알고 한 발짝 내려설 줄 아는 것은 참으로 중요한 일입니다. 이 용기는 겸손한 리더십의 핵심입니다.

맑은 영혼으로 기미를 읽고, 욕심을 버려 행복을 얻다

 모든 재앙과 근심, 고통의 순간을 미리 감지하고 피해 나가는 것을 '기미를 알아차린다'고 합니다. 그리고 이 기미를 알아차려 자신의 분수에 맞는 삶을 살아가는 것이야말로 작지만 큰 행복을 가져다줍니다. 기미를 알아차리기 위해서는 마음속에 욕심이 없어야 합니다. 욕심으로 가득 찬 마음으로는 아무것도 제대로 볼 수 없습니다. 설령 보이더라도, 욕심이 눈을 가려 올바른 길을 선택하지 못하게 됩니다. 우리는 흔히 '영이 맑다'라는 표현을 사용합니다. 영이 맑다는 것은 욕망과 욕심으로 더러워진 마음을 깨끗하게 닦아낸 후에야 비로소 얻을 수 있는 순수하고 깨끗한 마음을 의미합니다. 여기서 수양(修養)이라는 중요한 개념이 등장합니다.

수(修)는 '닦을 수' 자로, 마음속에 쌓인 욕심이라는 때를 깨끗하게 닦아내는 것을 의미합니다. 양(養)은 부모님께서 주신 몸, 즉 손과 발, 사지(四肢)를 처음처럼 온전하게 보존하는 것을 의미합니다. 그러므로 수양은 참으로 귀한 의미를 담고 있으며, 우리 모두가 평생 동안 해야 할 중요한 과제입니다.

한 문장으로 이해하기

사람은 각자 타고난 책임과 능력이 다르므로, 자신의 분수를 알고 욕심을 버리며, 맑은 마음으로 주변의 변화를 감지하고 미리 대비하는 겸손한 자세를 통해 조화롭고 행복한 삶을 살아갈 수 있습니다.

자신에게 던지는 질문:

나는 내가 가진 능력을 제대로 파악하고 있는가?
주변에서 일어나는 작은 변화들을 민감하게 감지하고

있는가?

　욕심을 버리고 겸손한 마음으로 살아가기 위해 노력하고 있는가?

왜 높은 자리에 오른 사람들은 고독할까?

높은 자리의 외로움, 함께 나눌 사람이 없을 때

"지위는 높아도 함께할 사람이 없다(高而无民)"는 말은, 아무리 높은 곳에 올라가도 그 기쁨과 성취를 함께 나눌 사람이 없다면 결국 고독할 수밖에 없다는 뜻입니다. 아무리 뛰어난 사람이라도 혼자서는 외로움을 느끼고, 진정한 행복을 누릴 수 없습니다. 현명한 사람은 높은 자리에 오를수록 더욱 겸손한 자세를 유지하며, 다른 사람들과의 관계를 소중하게 생각합니다.

높아질수록 잃어가는 자리, 고독한 영혼

자기 지위가 아무리 높아도 설 자리를 잃게 되면 결국 할 일이 없어지고 맙니다. 아무리 고상한 삶을 추구하려 해도, 진심으로 함께할 벗이 없다면 고독을 피할 수 없습니다. 진정으로 현명한 삶이란, 지위가 높아질수록 자신의 언행을 더욱 신중하게 살피고, 고상한 취미를 즐기더라도 다른 사람들과 함께 나눌 수 있는 너그러운 마음을 갖추는 것입니다. 혼자서 아무리 잘났다고 외쳐봐야, 허공에 흩어지는 메아리처럼 덧없을 뿐입니다.

관계 속에서 살아가는 우리, 존중의 중요성

"설 자리가 없다"라는 말은, 우리 모두가 살아가면서 윗사람과 아랫사람 사이에서 다양한 관계를 맺으며 살아간다는 것을 의미합니다. "윗사람을 가볍게 여기면 죄를 짓게 되고, 아랫사람을 무시하면 친밀함이 사라진다"라는 말은, 윗사람과 아랫사람 모두를 진심으로 존중해야 함을 강조합니다. 윗사람을 존중하지 않으면 스스로 남을 업신여기는 마음을 키우게 되어 결국 자신에게 해를 끼치는 행동을 하게 될 수 있습니다. 반면에 아랫사람을 무시하면, 다른 사람과의 관계가 점점 나빠지고 결국 고립될 수밖에 없습니다.

존중의 마음, 인간관계의 핵심

윗사람을 가볍게 여기면 죄를 짓게 되고(輕上生罪), 아랫사람을 무시하면 친밀함이 사라진다(侮下無親). 이 구절은 무심코 지나칠 수 있지만, 깊이 생각해보면 참으로 명언입니다. 특히 중간 관리자처럼 윗분도 모셔야 하고 아랫사람도 챙겨야 하는 위치에 있는 사람에게는 더욱 절실하게 와닿습니다. 어느 한쪽도 소홀히 할 수 없기 때문입니다. 윗사람을 함부로 대하고 가볍게 여기면, 자신도 모르게 남을 업신여기는 마음의 싹이 마음속에 자라납니다. 마음속에 있는 것은 언젠가 겉으로 드러나게 마련입니다.

그렇게 되면 남들이나 자신이 그것을 모를 리 없습니다. 결국 스스로 화를 불러들이는 어리석은 행동을 하게 됩니다. 또 아랫사람을 소홀히 대하는 사람은, 자신이 훗날 윗사람의 입장에서 아랫사람을 대해야 할 때, 어떻게 해야 하는지를 망각하는 것입니다. 그때 마음이 편할 수 있을까요? 절대로 편하지 않을 것이고, 윗사람에게 다가가기도 어려워질 것입니다.

예의의 본질, 마음을 보여주는 거울

보이지 않는 마음이 겉으로 드러나는 것을 예의(禮儀)라고 합니다. 무례한 사람을 그 누가 신임하고 좋아하겠습니까? 아랫사람을 업신여기고 깔보는 사람은 다른 사람에게 베풀 줄 모르는 사람입니다. 은혜를 모르는 사람과 그 누가 가까이 지내고 싶어 하겠습니까? 이는 우리가 깊이 생각해 봐야 할 중요한 문제입니다.

한 문장으로 이해하기

진정한 성공은 단순히 높은 자리에 오르는 것이 아니라, 그 자리에서 다른 사람들과 소통하고 존중하며 함께 성장하는 과정에서 얻을 수 있으며, 윗사람과 아랫사람 모두를 존중하는 마음이야말로 건강한 사회를 만드는 핵심입니다.

자신에게 던지는 질문:

나는 다른 사람을 진심으로 존중하고 있는가?

나의 언행은 겸손하고 배려심이 있는가?

나는 윗사람과 아랫사람 모두에게 신뢰받는 사람인가?

성공한 사람들의 비밀,
역지사지(易地思之)

진정한 행복은 내 안에 있다

많은 사람이 끊임없이 행복을 찾아 헤매지만, 정작 행복은 멀리 있는 것이 아니라 우리 마음속 깊은 곳에 이미 자리하고 있습니다. 겉으로 보이는 성공이나 물질적인 풍요보다, 자신이 가진 재능을 마음껏 발휘하고 다른 사람들과 함께 성장해 나가는 과정에서 우리는 진정한 행복을 발견할 수 있습니다.

세상은 넓고 기회는 무궁무진하지만, 중요한 것은 우리 안에 잠재된 무한한 가능성을 믿고 끊임없이 노력하는 것입니다. 마치 어둠 속에서 빛을 찾아내는 것처럼, 우리는 우리 안에 있는 빛을 발견하고, 그 빛으로 세상을 더욱 밝게 비추어야 합니다.

어둠에서 벗어나라, 각자에게 주어진 자리에서

세상은 늘 변화하고 새로운 기회로 가득하지만, 때로는 우리는 스스로를 어둠 속에 가두고 세상과 단절된 듯한 고독감을 느낄 때가 있습니다. 마치 바다에 사는 물고기가 좁은 호수에서 살려고 발버둥 치는 것처럼, 우리는 각자에게 가장 잘 맞는 자리가 있다는 것을 잊고 힘들어하기도 합니다.

깨어나라! 당신의 자리에서 빛나도록

깨어나십시오! 세상은 언제나 밝게 빛나고 있습니다. 혹시 자신만이 어둠 속에 갇혀 있다고 느끼는 것은 아닐까요? 세상은 넓게 열려 있는데, 혹시 스스로 마음의 문을 닫아걸고 있는 것은 아닌가요? 괴롭다, 힘들다 외마디 절규를 내뱉어봐야, 바다에 사는 물고기가 호수에서 살

수 없듯이, 각자에게 주어진 자리에서 빛나야 하는 것이 세상의 이치 아닐까요? 열정적으로 살아가십시오! 저마다 해야 할 일이 있습니다! 행복을 찾아 방황하는 사람, 영원한 삶을 갈망하며 좌절과 희망 사이에서 갈피를 잡지 못하고 괴로워하는 사람. 그 해답이 보이지 않습니까? 너무 멀리서 찾으려 하지 마십시오. 가까운 곳, 바로 당신의 깊은 마음속에 그 답이 숨어 있습니다. 겉으로 드러나지 않고 잠잠히 당신의 깨어남을 기다리고 있습니다. 그 해답은 바로 당신 안에 있습니다!

역지사지, 타인을 이해하는 지혜

우리는 때때로 자신의 생각만이 옳다고 고집을 부리고, 마치 자신이 세상의 중심인 것처럼 착각할 때가 있습니다. 하지만 다른 사람의 입장에 서서 생각해 보면, 내가 잘못 생각하고 있었던 부분이 있을 수도 있다는 것을 깨닫게 됩니다. 우리는 서로 다른 존재이기에, 서로의 의견을 존중하고 배려하는 마음을 가져야 합니다. 마치 친구와 사이좋게 놀기 위해 서로 양보하는 것처럼 말이죠.

충서(忠恕), 논어가 말하는 인간관계의 황금률

역지사지(易地思之)란, 말 그대로 다른 사람의 입장에 서서 그 사람의 관점에서 생각하고 이해하는 것을 의미합니다. 내 입장과 상대방의 입장. 두 입장은 항상 공존하지만, 결코 상대방의 입장이 되어 완전히 똑같은 경험을 할 수는 없습니다. 논어(論語)에서는 충(忠)과 서(恕)를 한결같이 강조하고 있습니다.

충(忠)과 서(恕), 그리고 존중의 의미

언제 어디서나 자신의 일에 최선을 다하는 것을 충(忠)이라고 한다면, 나와 다른 사람과의 관계에서 마음을 다하고, 그 사람의 감정을 헤아려 받아들이고, 따뜻하게 밀어주며 응원하는 것을 서(恕)라고 표현할 수 있지 않을까요? 여기에 '나'라는 존재를 소중히 여기듯, 남을 진심으로 아끼고 사랑하는 마음을 '존중'이라고 부른다면 적절할 것입니다. '나'를 지나치게 내세우면서 존중이라는 말을 사용하는 것은 어울리지 않습니다. '나'를 낮추고 겸손한 자세를 취할 때, 저절로 상대방이 높아지는 시소와 같은 원리입니다.

한 문장으로 이해하기

　세상은 넓고 기회는 무궁무진하게 펼쳐져 있지만, 진정한 행복은 멀리 있는 것이 아니라 우리 마음 깊은 곳에 자리하고 있습니다. 겉으로 드러나는 성공이나 물질적인 풍요보다, 우리 안에 잠재된 가능성을 믿고 끊임없이 노력하며 그 가능성을 마음껏 발휘하는 과정에서 우리는 진정한 행복을 찾을 수 있습니다. 다른 사람과의 관계에서는 '역지사지'의 자세를 갖고 서로를 존중하며 함께 성장해 나아갈 때, 우리는 더욱 풍요롭고 의미 있는 삶을 살아갈 수 있습니다. 마치 어둠 속에서 빛을 찾아내는 것처럼, 우리는 우리 안에 있는 아름다운 빛을 발견하고, 그 빛으로 세상을 더욱 밝게 비추어야 합니다.

나눔과 베풂이
만드는 성공

선행이 가져다주는 행복의 이자

선한 일을 하면 좋은 결과가 따라온다는 말, 우리는 익히 들어 알고 있습니다. 마치 은행에 돈을 저축하면 이자가 불어나는 것처럼, 우리가 베푸는 선한 행동은 우리 삶에 행복이라는 풍성한 이자를 가져다줍니다. 봉사활동을 통해 느끼는 깊은 성취감, 기부를 통해 얻는 따뜻한 보람, 그리고 주변 사람들과 맺는 긍정적인 관계는 모두 선행이 우리에게 선사하는 소중한 선물입니다.

뇌과학이 밝혀낸 선행의 놀라운 효과

최근의 뇌과학 연구 결과에 따르면, 선행은 단순히 다른 사람을 돕는 행위를 넘어, 우리의 뇌를 긍정적으로 변화시켜 행복감을 증진시키고 스트레스를 효과적으로 감소시키는 놀라운 힘을 지니고 있다고 합니다. 또한, 사회적 관계를 끈끈하게 강화하고 전반적인 삶의 만족도를 높이는 데에도 지대한 영향을 미칩니다.

선행, 아름다운 사회를 만드는 씨앗

마치 씨앗을 심으면 아름다운 꽃이 피어나고 풍성한 열매를 맺듯이, 선한 행동은 우리 사회를 더욱 아름답고 따뜻하게 만드는 소중한 씨앗과 같습니다. 우리가 무심코 베푼 작은 선행 하나하나가 모여, 세상을 더욱 밝고 희망찬 곳으로 변화시키는 놀라운 힘을 발휘할 수 있습니다.

선행, 인간으로서 마땅히 행해야 할 도리

하지만 선행은 단순히 좋은 결과를 얻기 위한 계산적

인 수단으로 여겨져서는 안 됩니다. 그것은 인간으로서 마땅히 행해야 할 고귀한 도리입니다. 공자(孔子)는 인간의 가장 중요한 가치로 '인(仁)'을 강조하며, 다른 사람을 사랑하고 배려하는 삶의 중요성을 끊임없이 역설했습니다.

지금, 우리 주변을 돌아볼 때

오늘날 우리는 경쟁이 극심하고 개인주의가 만연한 각박한 사회 속에서 살아가고 있습니다. 하지만 잠시 바쁜 발걸음을 멈추고, 우리 주변을 따뜻한 시선으로 돌아보며, 일상 속에서 실천할 수 있는 작은 선행부터 시작해보는 것은 어떨까요?

적선지가 필유여경, 삶을 풍요롭게 하는 지혜

적선지가 필유여경(積善之家 必有餘慶)이라는 말은 단순한 속담이 아니라, 우리 삶을 더욱 풍요롭고 의미 있게 만들 수 있는 깊고 지혜로운 가르침을 담고 있습니다.

한 문장으로 이해하기

　우리가 일상에서 행하는 모든 일은 마치 작은 씨앗과 같아서, 뿌린 대로 거두게 되는 인과의 법칙을 따릅니다. 따라서 선한 행동은 마치 은행에 돈을 저축하여 복리로 불어나는 것처럼, 우리 자신뿐만 아니라 우리 후손들에게까지 풍요로운 행복을 가져다주고, 반대로 악한 행동은 결국 자신과 주변 사람들에게 불행을 초래합니다. 그러므로 우리는 오늘 하루도 작은 선한 행동 하나하나를 실천하고, 따뜻하고 배려심 넘치는 마음을 가지려고 끊임없이 노력해야 합니다. 비록 지금은 보잘것없어 보이는 작은 노력이지만, 그것이 모여 더 나은 세상을 만들 수 있다는 희망을 품고, 꾸준히 선한 행동을 실천한다면, 언젠가 우리 삶에 풍요로운 행복이라는 아름다운 결실을 맺을 수 있을 것입니다.

훌륭한 리더는
정원사와 같다

각자의 재능을 꽃피우는 리더십

우리는 저마다 고유한 재능을 지니고 태어납니다. 하지만 중요한 것은 그 재능을 어떻게 활용하느냐입니다. 자신의 재능에만 머무르지 않고, 다른 사람의 재능을 인정하고 협력할 때 더 큰 목표를 이루어낼 수 있습니다. 마치 농부가 씨앗을 뿌리고 물을 주지만, 결국 곡식을 자라게 하는 것은 자연의 힘인 것처럼, 훌륭한 리더는 구성원들에게 방향을 제시하고 필요한 지원을 제공하지만, 실제 일을 수행하고 성과를 만들어내는 것은 구성원들 자신입니다. 훌륭한 리더는 구성원 개개인의 재능을 최대한 발휘하도록 돕고, 이를 통해 더 큰 시너지 효과를 창출하는 사람입니다.

하늘과 임금의 역할, 자연스러운 조화

서리와 눈, 비와 이슬은 만물을 살리기도 하고 죽이기도 합니다. 하늘은 그 속에서 아무런 일을 하지 않는 듯 보이지만, 여전히 존경받는 존재입니다. 법을 집행하고 각종 문서를 다루며 관직에서 백성을 다스리는 책임자가 있지만, 임금은 직접 나서지 않고도 높은 지위에 있습니다. 예전에 토지를 개간하고 곡식을 심었던 사람은 '후직(后稷)'이었고, 9년 동안의 홍수를 다스리기 위해 막힌 강물을 트고 황하수를 통하게 했던 사람은 '우(禹)' 임금이었습니다. 죄수들을 다스리고 나라의 법 기강을 세웠던 사람은 '고요(皐陶)'라는 법관이었습니다. 하지만 그 당시 성군으로 칭송받은 사람은 바로 '요(堯)' 임금이었습니다.

요 임금의 리더십, 믿음과 평가의 조화

요 임금은 각 책임자에게 방향을 제시하고, 그들의 수행 능력을 넌지시 지켜볼 뿐이었습니다. 결과를 보고 능력이 부족하다고 판단되면 과감하게 다른 사람으로 교체했고, 임무를 완수한 사람에게는 그에 합당한 상을 내렸습니다. 결론적으로, 적절한 방도를 가지고 사람을 부리면, 리더는 그 일에 대해 구체적으로 알지 못하더라도 능력 있는 사람을 통해 일을 성공적으로 수행할 수 있습니다. 하지만 방도 없이 사람을 부리면, 리더가 아무리 뛰어난 재능을 가지고 있다 하더라도, 결국 자신을 망치는 결과를 초래할 뿐입니다.

시경의 비유, 리더의 지혜

그래서 시경(詩經)에서는 "고삐를 잡은 손은 자유롭지만, 달리는 말은 내가 가고 싶은 방향으로 잘 달린다"라고 노래했습니다. 이는 말 자체의 능력보다, 말을 잘 다루는 사람의 솜씨를 더욱 중요하게 여긴다는 뜻입니다. 이 글에서 알 수 있듯이, 사람은 자신의 재능을 가지고 살아가는 사람도 있지만, 다른 사람이 가진 재능을 알아보고 적재적소에 활용할 수 있는 안목을 가진 사람도 있습니다. 진정으로 우리는 자신의 작은 재능으로 세상에 기여하기를 바라는지, 아니면 재능 있는 사람들을 두루 활용하여 더 큰 성과를 이루는 인물이 되기를 바라는지 깊이 생각해 봐야 할 것입니다.

한 문장으로 이해하기

훌륭한 리더는 구성원 개개인의 재능을 발견하고 키워내어 조직 전체의 성장을 촉진하는 촉매제와 같습니다. 마치 하늘이 비를 내려 만물을 자라게 하고, 농부가 씨앗을 뿌리고 가꾸어 풍성한 수확을 얻듯, 훌륭한 리더는 조직 구성원들의 잠재력을 끌어내고 적재적소에 배치하여 그들이 각자의 역량을 최대한 발휘할 수 있도록 지원하고 격려합니다. 우리 각자는 저마다의 고유한 재능을 가지고 태어나며, 그 재능을 어떻게 활용하느냐에 따라 조직의 성장에 기여하는 방식은 달라질 수 있습니다.

사람을 만나도
만날 사람을 만나라

겉모습이 아닌, 마음을 보는 지혜

"사람을 만나도 만날 사람을 만나라"는 말은 단순히 사람을 가려 사귀라는 뜻을 넘어, 진정한 관계의 중요성을 일깨워줍니다. 호랑이를 그리는 화가의 비유처럼, 우리는 다른 사람의 겉모습은 쉽게 볼 수 있지만, 그 사람의 속마음까지 완벽하게 꿰뚫어 볼 수는 없습니다. 아무리 가까운 사이라도 상대방의 모든 것을 속속들이 알 수는 없는 법입니다. 중요한 것은 겉모습이 아닌 마음입니다. 사람의 진심은 결국 겉으로 드러나는 행동이나 말투에 배어 나오기 마련입니다. 따라서 진정으로 좋은 사람은 겉과 속이 일치하는 사람이라 할 수 있습니다.

호랑이를 그릴 수 있어도, 그 뼈는 그릴 수 없듯이

비유하자면, 호랑이의 위엄을 생생하게 묘사하는 뛰어난 화가가 있습니다. 때로는 섬뜩할 정도로 날카로운 발톱과 바위도 부술 듯한 강한 어금니를 정교하게 그려낼 수 있습니다. 모든 그림에서 가장 어렵다는 화룡점정(畵龍點睛)처럼, 호랑이의 눈동자를 그리는 일도 능숙하게 해냅니다. 아무리 어렵다 해도, 그림으로 호랑이를 완벽하게 재현해 내는 화가들이 분명히 있습니다. 하지만 살아 있는 호랑이의 뼈, 그 속을 꿰뚫어 보는 사람은 아무도 없습니다. 이처럼, 사람을 만나면서 그 속마음을 훤히 알 수 있다면 얼마나 좋을까요?

마음은 결국 드러나는 법, 내면을 가꾸는 것이 먼저

겉으로 드러난 얼굴은 볼 수 있지만, 그 속에 숨겨진 마음을 알아차리기는 어렵습니다. 하지만 아무리 능숙하게 숨기려 해도, 결국 그 사람의 생각과 감정은 드러나기 마련입니다. 내면의 진실은 겉으로 표현되기 때문입니다. 비밀이 탄로되지 않으려면, 애초에 비밀을 만들지 않는 것이 현명합니다. 또한, 남의 숨겨진 마음을 알기 어렵다고 불평하기 전에, 먼저 자신의 마음을 바르게 가꾸어 밖으로 드러내도 부끄럽거나 떳떳하지 못할 것이 없도록 다스리는 것이 급선무가 아닐까요?

인생의 길잡이, 좋은 만남의 중요성

이 모든 것의 시작은 결국 사람을 만나는 일입니다. "비지비인(比之匪人)"이라는 말은 단순히 '비슷한 부류의 사람들이 어울린다'는 뜻을 넘어, 우리 인생의 중요한 순간에 만나는 특별한 인연을 의미합니다. 그렇다면 우리는 어떤 사람을 만나야 할까요? 좋은 사람을 만나면 긍정적인 영향을 받지만, 그렇지 못한 사람을 만나면 어려움을 겪을 수 있으니, 사람을 만나는 일은 참으로 신중해야 합니다. 어떤 사람은 만나지 않았더라면 그런 일이 일어나지 않았을 것이고, 어떤 사람을 만나야만 비로소 그 일을 시작할 수 있고, 또 다른 어떤 사람이라야 그 일을 감당할 수 있으며, 마지막으로 또 다른 어떤 사람이라야 그 일을 해결할 수 있습니다. 하지만 안타깝게도, 정해진 '그 사람'은 없습니다. 시간과 공간, 상황에 따라 우리에게 필요한 사람은 달라지기 때문입니다.

좋은 인연을 만드는 질문, 그리고 그 가치

나 역시 누군가에게 바로 '그 사람'이 되고 싶습니다. 그때 그 자리에 꼭 필요한 사람, 比(비)라는 글자는 보통 어깨를 나란히 견준다는 의미로 알고 있지만, 역경(易經)에서는 친할 비(比), 사귈 비(比), 즉 서로에게 도움이 되는 만남을 의미합니다. 오늘도 멋진 만남, 꼭 필요한 만남을 기대해 봅니다.

한 문장으로 이해하기

이 글은 좋은 사람과의 만남이 얼마나 중요한지를 강조하며, '나는 어떤 사람을 만나고 싶은가?', '나는 다른 사람에게 어떤 사람으로 기억되고 싶은가?', '나는 어떻게 하면 좋은 인연을 만들 수 있을까?'라는 질문을 통해 우리가 삶에서 중요하게 생각해야 할 가치, 즉 인연의 소중함을 일깨워 줍니다. 모든 만남은 소중하며, 좋은 사람들과의 만남을 통해 우리는 성장하고 긍정적인 변화를 만들어 나갈 수 있다는 것입니다. "비지비인(比之匪人)"은 단순히 사람을 지칭하는 것을 넘어, 우리 삶의 방향을 결정짓는 중요한 요소로서, 좋은 인연을 맺고 소중히 가꾸는 것이 얼마나 중요한지를 깨닫게 합니다. 오늘부터라도 주변 사람들을 더욱 소중히 여기고, 긍정적인 관계를 만들어가는 데 힘써보는 것은 어떨까요?

걸림돌을 극복하고
다시 일어서세요

서합(噬嗑), 삶의 걸림돌을 제거하는 지혜

'서합(噬嗑)'이라는 말은 우리 삶의 길을 막고 있는 것들을 제거하고, 앞으로 나아가야 한다는 중요한 의미를 담고 있습니다. 마치 신발 속에 박힌 작은 돌멩이처럼, 우리 삶에도 사소해 보이는 문제들이 쌓여 결국에는 큰 어려움을 야기하는 경우가 많습니다.

씹어 삼키거나 뱉어내거나, 선택의 기로에 선 삶

마치 위턱과 아래턱 사이에 낀 음식을 씹어서 삼키거나

뱉어내듯, 우리 삶에도 무언가가 끼어들어 원활한 흐름을 방해하고 불편함을 주는 상황이 벌어지곤 합니다. 하나로 뭉치면 막강한 힘을 발휘하지만, 둘로 갈라지면 그 힘은 절반으로 줄어듭니다. 하지만 그 하나를 갈라놓는 걸림돌이 그 사이에 끼어들게 되면, 두 갈래, 세 갈래, 심지어 천 갈래, 만 갈래로 갈기갈기 찢어지는 것이 세상의 이치입니다. 말로 하나 되는 것은 누구나 쉽게 할 수 있지만, 신발 속에 들어온 아주 작은 돌멩이 하나도 발걸음을 옮길 때마다 우리를 찌르고 괴롭히는 것처럼, 삶의 걸림돌은 아무리 사소해 보여도 결국에는 큰 고통을 안겨줍니다.

걸림돌을 극복하고 나아가는 삶의 용기

정당이든 회사든, 우리 삶이든, 걸림돌이 되는 요소를 하나하나 찾아내어 제거하고 나면, 막강한 힘을 발휘하는 하나로 뭉쳐서 어떠한 어려움도 굳건히 극복할 수 있습니다. 지금 우리 사회의 정치 현실을 보면 이 말이 더욱 절실하게 느껴집니다. 우리 삶에도 제거해야 할 것들이 있고, 때로는 삼켜서 소화시켜야 하는 문제들도 있습니다. 온갖 시련과 고통이 우리를 찾아올 때, 그것을 귀한 손님처럼 맞이하여 꿀꺽 삼켜 소화시키면, 우리는 더욱 강인하고 성숙한 삶의 주인이 될 수 있습니다. 하지만 그 걸림돌로 인해 순조롭게 나아가던 삶의 항해가 좌초될 수도 있으므로, 걸림돌을 제거하는 일은 매우 중요한 의미를 지닙니다. 이러한 삶의 지혜를 담고 있는 것이 바로 서합괘의 가르침입니다.

한 문장으로 이해하기

우리 삶이라는 건물을 견고하게 완성하기 위해서는, 마치 잘못 끼워진 레고 블록을 바로잡듯, 우리를 방해하는 문제들을 하나씩 제자리에 놓아야 합니다. 레고 블록을 하나하나 쌓아 올려 멋진 건물을 만들듯이, 우리 삶도 다양한 문제들을 해결하고 조화로운 상태를 만들어가는 과정입니다. 삶의 걸림돌은 마치 잘못 끼워진 블록과 같아서, 이를 제거해야만 우리 삶이라는 건물을 온전하게 완성할 수 있습니다. 문제 해결 과정은 힘들고 고통스러울 수 있지만, 동시에 우리를 더욱 성장시키는 소중한 기회가 되기도 합니다. 마치 어려운 퍼즐을 마침내 완성했을 때 느끼는 짜릿한 성취감처럼, 문제를 극복하고 나면 우리는 더욱 강하고 지혜로운 존재로 거듭날 수 있습니다. 이제 우리는 스스로에게 묻고 답해야 합니다. 나는 현재 어떤 문제에 직면해 있으며, 그 문제를 해결하기 위해 어떤 노력을 기울이고 있는가? 그리고 문제 해결 후에는 어떤 긍정적인 변화를 기대할 수 있는가?

성공의 칼날,
발등을 찍다

믿음이 배신이 될 때, 상어소시(傷於所恃)의 경고

"상어소시(傷於所恃)"는 자신이 가장 믿고 의지했던 것 때문에 오히려 상처를 입게 된다는 뜻입니다. 마치 튼튼하다고 믿었던 도끼에 발등을 찍혀 다치는 것처럼, 가장 확실하다고 생각했던 것 때문에 예상치 못한 피해를 입는 상황을 비유적으로 표현한 것입니다.

성공의 정점에서 찾아오는 위험, 자만심의 함정

세상은 삼각형 구조를 닮았습니다. 처음 시작하고 출

발하는 사람은 많지만, 시간이 흐르고 일이 진행될수록 그 수는 점점 줄어들고, 남은 사람의 책임은 점점 무거워집니다. 그렇게 올라서고 또 올라서다 보면, 결국 최고의 자리에 서게 됩니다. 자신의 관점에서 보면 순전히 자신의 노력으로 일궈낸 자리이지만, 다른 사람의 시선으로 보면 수많은 사람의 희생과 아픔을 딛고 올라선 자리입니다. 우리는 흔히 '킹메이커'라는 말을 사용합니다. 혼자서는 성공하기 어렵고, 누군가가 그 사람을 가장 높은 자리에 올려놓는 역할을 하는 사람이 있기 마련입니다. 그렇게 어렵게 올라선 그 자리에서 믿을 만한 사람을 곁에 두지 못하면 언제 무너지고 언제 쫓겨날지 모릅니다. 자칫 잘못하면 모든 사람이 자신의 명령에 복종하고 따르지 않는 사람은 아무도 없다는 착각에 빠지기 쉽습니다. 그 사람이 그렇게 높은 지존의 자리에 오르게 되면, '나 아니면 안 된다'는 오만함과 자신의 판단만이 언제나 옳고 반드시 그렇게 해야 한다는 독선적인 고집이 생기게 마련입니다.

성공을 갉아먹는 자만, 겸손의 중요성

항상 자기 자신만을 믿고, 측근의 말은 귀담아듣지 않을 때, 그토록 믿었던 도끼는 어느새 자루가 바뀌어 자신의 발등을 찍는 상황으로 돌변합니다. 최고 권력자의 위치에서 누구도 자신의 의견에 반대하지 않는 상황, 자신만의 밝고 명쾌한 판단을 맹신하고 그 믿음대로 행동하다 보면 예상치 못한 곤란에 직면하게 됩니다. 그러므로 더욱 깊이 생각하고, 다른 사람의 바른 충고를 겸허하게 받아들이는 자세가 필요합니다.

한 문장으로 이해하기

"상어소시"는 우리에게 끊임없이 배우고 변화하며, 타인의 의견을 존중하는 겸손한 자세의 중요성을 일깨워주는 가르침입니다. 자만심은 우리를 위험에 빠뜨리고, 빠르게 변화하는 세상에 적응하지 못하게 만들 수 있습니다. 따라서 자신이 아는 것보다 모르는 것이 훨씬 더 많다는 것을 인정하고, 다른 사람의 지혜에 귀 기울이는 겸허한 태도가 필요합니다. 조직에서는 뛰어난 리더일

수록 구성원들의 다양한 의견을 경청하고 여러 관점에서 문제를 바라보는 균형 잡힌 시각을 가져야 하며, 인간관계에서는 믿었던 사람으로부터 상처받을 수 있다는 점을 항상 염두에 두고 지나치게 의존하지 않는 건강한 거리를 유지하는 것이 중요합니다. 끊임없이 배우고 성장하는 자세는 개인의 발전뿐만 아니라, 변화하는 시대에 성공적으로 적응하는 데에도 필수적인 역량입니다. "상어 소시"는 단순한 속담을 넘어, 우리 삶의 다양한 영역에서 겸손, 존중, 그리고 지속적인 성장의 중요성을 일깨워주는 깊이 있는 통찰을 담고 있습니다.

역사가 증명하는 진리,
권력은 무섭다

전쟁의 참혹함, 권력의 위험성

"전쟁은 결코 가볍게 여겨서는 안 되는 극히 위험한 일입니다."

옛날에는 나라와 나라 사이에 수많은 전쟁이 벌어졌습니다. 전쟁은 수많은 사람의 소중한 목숨을 앗아가고, 번영했던 나라를 순식간에 멸망으로 몰아넣기도 했습니다. 전쟁을 지휘하는 대장군(大將軍)은 이러한 참혹한 결과를 초래할 수 있는 막중한 책임을 절실히 느껴야 했습니다. 전쟁은 결코 개인의 영광이나 권력욕을 충족시키기 위한 수단이 될 수 없습니다. 오직 나라를 지키고 무고한 백성들을 보호하기 위한 신성한 행위여야 합니다. 그러나 역사를 되돌아보면, 수많은 대장군들이 권력의 달콤한 유혹에 눈이 멀어 백성들을 고통 속에 몰아넣는 비극을 되풀이했습니다.

대장군의 권력, 그리고 그 위험성

전쟁은 온 국민의 생존이 걸린 신성한 행위이므로, 대장군의 위엄을 확고히 세워주지 않으면, 병사들이 그를 따르지 않아 전투에서 패배할 수 있습니다. 반대로, 대장군의 위엄을 지나치게 세워주면, 승리하여 돌아왔을 때 국가의 안위가 오직 그의 지혜와 능력에만 달려 있다는 위험한 상황이 초래될 수 있습니다. 이처럼, 전쟁터에 수많은 군사를 이끌고 나아간 대장군(大將軍)이 자신에게 주어진 막강한 전권(專權)만을 맹목적으로 믿고, 신하라는 자신의 본분을 망각하게 되면, 돌이킬 수 없는 큰 잘못을 저지르게 됩니다. 그러나 동시에, 전쟁터에서 자신에게 주어진 전권을 제대로 활용하지 못하면, 전쟁에서 성공을 거둘 수 없는 어려운 이치가 그 속에 내포되어 있습니다.

권력의 한계, 그리고 욕심의 위험성

그렇다면 대장군의 권한(權限)은 과연 어디까지일까요? 아무리 막강한 권력을 쥐고 있다 하더라도, 결코 임금의 권한을 넘볼 수는 없습니다. 그러나 예외적인 상황이 존재합니다. 전쟁 중에는 모든 권한 행사가 현장에서 즉시 결정될 수 있습니다. 그 근본적인 이유는, 군왕의 절대적인 신임하에 수만 명의 소중한 생명을 책임지고 있기 때문입니다. 그곳에 어떠한 사적인 욕심이나 다른 불순한 마음이 개입할 여지는 결코 존재해서는 안 됩니다. 그것은 하늘의 뜻을 거스르는 것이며, 임금의 명령을 명백히 거역(拒逆)하는 행위이고, 무고한 백성들을 죽음의 나락으로 몰아가는 씻을 수 없는 죄악이기 때문입니다.

역사가 주는 교훈, 그리고 우리의 자세

역사적으로 살펴보면, 아무리 훌륭한 장군이라 할지라도, 어렵고 중대한 임무를 수행하는 것은 당연히 자신이 해야 할 일을 하는 것일 뿐이며, 그 공을 인정(認定)하고 안 하고는 결코 자신의 영역에 속한 일이 아닙니다. 아! 모든 사람이 자신이 해야 할 일에 묵묵히 최선을 다할 뿐, 그 공의 크고 작음과 그에 대한 인정(認定)은 오직 다른 사람에게 달려 있음을 깨닫고, 자신의 역할에 충실하게 임하는 것이야말로, 진정한 신임을 얻고 모든 사람에게 인정받을 수 있는 가장 확실한 실천력이 아닐까요?

한 문장으로 이해하기

대장군은 나라와 백성을 위해 헌신하고, 임금의 명령을 충실히 따르며, 자신에게 주어진 권한을 올바르게 사용해야 합니다. 그러나 역사 속에서 수많은 대장군이 권력의 달콤한 유혹에 눈이 멀어 백성들을 고통 속에 몰아넣고, 결국 비극적인 결과를 초래했습니다. 이러한 역사의 교훈을 통해 우리는 리더의 자격과 책임감의 중요성을 절실히 깨닫고, 우리 각자의 위치에서 최선을 다하며 정의롭고 올바르게 살아가는 것이 얼마나 가치 있는 일인지를 깊이 되새겨야 합니다. 전쟁이라는 비극적인 상황 속에서도 빛나는 훌륭한 사람들의 고귀한 가치를 기억하며, 우리 사회의 발전과 번영을 위해 끊임없이 노력해야 합니다.

Part 4

주역周易을 통한
통찰과 삶의 방향성

주역이 말하는 성공의 비결
인생을 바꾸는 만남, 어떻게 찾을 수 있을까?
삶을 바꾸는 철학, 주역의 얼레
주역 건괘(乾卦)가 안내하는 성공의 길
나를 위한 맞춤형 인생 지침서
원형이정(元亨利貞)이 안내하는 성공의 길
틀린 길을 걷고 있다면, 돌아서라
인생의 주기, 당신은 어디에 서 있는가?
서리를 밟는 순간, 당신은 무엇을 준비하고 있나요?
당신의 삶을 바꿀 단 하나의 질문, 도학(道學)
나의 삶을 바꾸는 힘
어둠 속의 빛, 포몽(包蒙)으로 세상을 밝힌다
장점에 눈멀지 말라
더 나은 삶을 위한 선택
공자의 가르침과 소송(訴訟)
공정함이 만들어내는 아름다운 세상

주역이 말하는
성공의 비결

존중과 배려, 행복한 삶의 밑거름

사람과의 관계는 우리 삶에서 빼놓을 수 없는 중요한 부분입니다. 진정한 행복을 위해서는 모든 사람을 존중하고, 서로 배려하는 마음으로 살아가야 합니다. 윗사람이든 아랫사람이든, 서로 존중하는 마음을 바탕으로 관계를 맺을 때, 우리는 더욱 풍요롭고 행복한 삶을 누릴 수 있습니다.

윗사람에게 아첨하지 않고, 아랫사람을 함부로 대하지 않는 지혜

주역에서는 '상교불첨(上交不諂. 윗사람을 사귈 때는 아첨하지 말고), 하교부독(下交不瀆. 아랫사람들과 사귈 때는 욕됨을 보이지 말아야 한다)'이라고 가르칩니다.

얽히고설킨 관계 속에서 길을 잃지 않는 법

저는 항상 윗사람과 아랫사람 사이에 놓여 있습니다. 살다 보면 윗사람에게 잘 보이려는 말과 행동이 자연스럽게 나오고, 아랫사람에게는 함부로 대하는 태도가 드러나기 쉽습니다. 하지만 곰곰이 생각해보면, 윗사람에게 인정받고자 진심이 아닌 아첨을 하면 결국 외면받고, 아랫사람을 함부로 대하면 그들에게서도 존중받지 못하는 결과를 초래합니다. 결국 어느 쪽에서도 환영받지 못하는 '왕따'가 되는 것이죠. 세상은 서로 어울려 살아가는 곳입니다. 윗사람이든 아랫사람이든, 옆에 있는 사람이든, 모두가 서로를 존중하며 함께 살아가는 사회를 만들어야 합니다.

주역의 가르침, 인간관계의 황금률

'주역'에서 말하는 '상교불첨(上交不諂), 하교부독(下交不瀆)'은 인간관계의 본질을 꿰뚫는 소중한 가르침입니다.

한 문장으로 이해하기

사람과의 관계는 진심과 존중을 바탕으로 이루어져야 합니다. 우리는 살면서 다양한 사람들과 관계를 맺으며 살아가지만, 진정한 관계를 위해서는 윗사람에게 아첨하거나 아랫사람을 함부로 대하는 등의 잘못된 방식을 버려야 합니다. '주역'에서도 윗사람을 대할 때는 아첨하지 말고, 아랫사람을 대할 때는 함부로 대하지 말라고 가르친 것처럼, 모든 사람을 존중하고 진심으로 대하는 것이 중요합니다. 진심이 아닌 아첨은 오히려 반감을 불러일으키고, 함부로 대하는 사람은 결국 고립될 수밖에 없기 때문입니다. 우리 모두 서로를 존중하고 진심으로 소통하며, 더불어 살아가는 따뜻한 세상을 만들어 나가야 합니다.

인생을 바꾸는 만남, 어떻게 찾을 수 있을까?

글을 통한 만남, 성장의 기회

우리는 책을 읽거나 인터넷에서 글을 보면서 수많은 사람을 만납니다. 그들의 생각과 경험을 공유하며 우리 자신을 돌아보고 성장할 수 있습니다. 하지만 모든 만남이 다 의미 있는 것은 아니죠. 진정으로 소중한 만남은 서로에게 긍정적인 영향을 주고받을 수 있는 만남입니다. 우리는 글을 통해 시간과 공간을 초월하여 다양한 사람들과 만날 수 있습니다. 글쓴이의 마음이 담긴 글을 읽으며 공감하고, 새로운 생각을 얻기도 합니다. 마치 오래된 친구를 만난 것처럼 편안하고 따뜻한 마음이 들기도 하죠.

하지만 모든 만남이 다 소중한 것은 아닙니다. 중요한 것은 '걸맞은 만남'이라는 조건을 충족하는 것입니다. 즉, 서로를 존중하고, 최선을 다하며, 함께 미래를 향해 나아가는 사람들과의 만남이야말로 진정한 소중한 만남이라는 것입니다.

걸맞은 만남의 조건

걸맞은 만남이란 서로의 가치관을 공유하는 사람이라든지, 목표 지향적인 성향이라든지, 취미가 같은 사람이라든지, 항상 서로에게 긍정적인 에너지를 주는 사람이라든지, 우주의 주인이라는 주인의식을 공유하고 공감할 수 있는 사람, 함께 성장할 수 있도록 서로에게 도움을 주고 늘 격려하며 만나지 않아도 믿을 수 있는 성장 동력을 제공하는 사람 등, 그 모습은 무수히 다양합니다.

논어에서 말하는 좋은 친구, 익자삼우(益者三友)

이를 논어에서는 익자삼우(益者三友)라 하여 서로에게 도움이 되는 사람으로 말하고 있습니다. 익자삼우란 자기에게 유익한 세 부류의 친구를 가리키는 것으로, 정직한 사람, 도리를 지킬 줄 아는 사람, 학식이 풍부한 사람을 의미합니다.

글을 통한 만남, 소통과 관계 발전의 중요성

우리는 책을 읽거나 인터넷에서 글을 보면서 수많은 사람을 만납니다. 그들의 생각과 경험을 공유하며 우리 자신을 돌아보고 성장할 수 있죠. 하지만 모든 만남이 다 의미 있는 것은 아닙니다. 진정으로 소중한 만남은 서로에게 좋은 영향을 주고받을 수 있는 만남입니다. 서로의 가치관이 비슷하고, 긍정적인 에너지를 주고받으며, 함께 성장할 수 있는 사람들과의 만남이야말로 우리에게 깊은 감동과 성장을 가져다줍니다.

글을 통해 우리는 시간과 공간을 초월하여 다양한 사람들과 만날 수 있습니다. 마치 오래된 친구를 만난 것처럼 편안하고 따뜻한 마음이 들기도 하죠. 하지만 단순히 글을 읽는 것만으로는 부족합니다. 서로의 생각을 나누고,

공감하며, 소통하는 과정을 통해 관계를 더욱 발전시켜야 합니다.

소중한 만남, 풍요로운 삶의 원동력

여러분은 어떤 만남을 소중하게 생각하시나요? 저는 함께 성장할 수 있는 멘토와의 만남을 통해 많은 것을 배우고 있습니다. 멘토는 제게 새로운 시각을 제시하고, 끊임없이 발전하도록 격려해 줍니다. 또한, 같은 목표를 향해 나아가는 동료들과의 만남은 저에게 큰 힘이 됩니다. 서로를 응원하고 격려하며 함께 성장해 나가는 경험은 정말 값진 것입니다. 오늘도 우리는 수많은 사람과 만나고 있습니다. 자기 마음을 솔직하게 표현하고, 상대방의 이야기에 귀 기울이며, 서로를 존중하는 자세로 만남에 임한다면, 우리는 더욱 풍요로운 삶을 살 수 있을 것입니다.

한 문장으로 이해하기

글을 통해 만나는 사람들과의 소중한 만남은 서로를 존

중하고 함께 성장하는 과정입니다. 우리는 책이나 인터넷을 통해 다양한 사람들의 생각과 경험을 공유하며 성장할 수 있습니다. 하지만 모든 만남이 의미 있는 것은 아니며, 진정으로 소중한 만남은 서로에게 긍정적인 영향을 주고받을 때 이루어집니다. 글을 통해 만나는 사람들과의 만남이 '걸맞은 만남'이어야 한다고 강조합니다. 즉, 서로를 존중하고 최선을 다하며 함께 미래를 향해 나아가는 사람들과의 만남이 진정으로 가치 있는 만남이라는 것입니다. 우리는 모두 각자의 개성과 가치를 지닌 소중한 존재이며, 글을 통해 서로를 배우고 성장하며 더 나은 사람으로 발전할 수 있습니다.

삶을 바꾸는 철학, 주역의 얼레

주역, 인류 문명의 거울

하늘을 우러러 우주(宇宙) 만물의 이치(理致)를 알아차리고, 그 심오한 진리를 어리석은 인간사에 적용할 수 있는 법칙으로 밝혀내어 괘(卦)를 만들고, 효(爻)를 만들어 차례대로 변화해 가는 이치를 설명하는 책, 주역! 어떻게 한 사람의 힘으로 오늘날 우리가 보고 있는 주역이라는 거대한 가르침이 완성될 수 있었겠습니까?

성현들의 손길을 거쳐 완성된 주역

4성(聖) 2현(賢), 즉 복희씨(伏羲氏), 문왕(文王), 주공(周公), 공자(孔子)의 네 분 성인과, 정자(程子) 주자(朱子)의 현인들의 손길을 거치면서, 주역은 단순한 점서(占書)를 넘어 인류 문명의 깊이를 비추는 거울로 완성되었습니다. 무(無)에서 유(有)로, 상징 체계에서 판단하는 말로, 우주의 흐름에 맞춰 낱낱이 설명을 더하는 과정이 기나긴 세월의 궤적과 맞물려 장대한 역사를 만들어낸 것입니다. 어찌 우리가 하루아침에 그 모든 이치를 다 알 수 있으며, 깨달은 이치를 모두 실천할 수 있겠습니까?

복희씨, 팔괘를 창조한 문명의 시조

복희씨는 중국 신화에 등장하는 인물로, 인류에게 문명을 가져다준 신성한 존재로 여겨집니다. 특히 팔괘(八卦)를 창제하여 우주의 이치를 밝히고, 사람들에게 길흉을 점치는 방법을 가르쳐 주었다고 전해집니다.

팔괘, 우주의 원리를 담은 여덟 개의 부호

팔괘란 무엇일까요?

팔괘는 음(-)과 양(+)의 두 가지 기본 원리로 이루어진 8개의 기호(記號)를 말합니다. 이 8개의 기호는 우주의 모든 현상을 간략하면서도 심오하게 표현한 것으로, 자연의 변화, 인간의 삶, 사회의 질서 등 다양한 분야에 적용될 수 있습니다. 팔괘는 건(乾), 태(兌), 리(離), 진(震), 손(巽), 감(坎), 간(艮), 곤(坤)으로 이루어져 있으며, 각각 하늘, 호수, 불, 우레, 바람, 물, 산, 땅을 상징합니다. 팔괘는 단순한 기호를 넘어 우주의 질서와 변화를 나타내는 심오한 의미를 담고 있습니다. 예를 들어, 건괘(乾卦)는 강건하고 굳건한 하늘을 상징하며, 곤괘(坤卦)는 부드럽고 포용적인 땅을 상징합니다. 복희씨가 팔괘를 창제했다는 이야기는 단순한 신화를 넘어 다음과 같은 중요한 의미를 지닙니다.

고대 사람들은 팔괘를 통해 우주의 질서와 변화를 이해하고자 했습니다.

팔괘는 자연 현상뿐만 아니라 인간의 삶과 사회의 다양한 변화까지 설명하는 데 사용되었습니다.

팔괘는 길흉을 점치고 미래를 예측하는 도구로 활용되었습니다. 사람들은 팔괘를 통해 자신의 운명을 파악하고 미래를 대비하고자 했습니다.

팔괘는 중국 철학과 사상의 중요한 기반이 되었습니다. 유교, 도교, 역경 등 다양한 학문 분야에서 팔괘는 핵심적인 개념으로 활용되었습니다.

문왕, 감옥에서 피워낸 주역의 꽃

복희씨가 팔괘를 창제했다면, 문왕(文王)은 이를 더욱 발전시켜 주역(周易)이라는 위대한 경전을 완성했다고 전해집니다. 주나라 문왕은 감옥에 갇혀 고난을 겪는 동안 팔괘를 깊이 연구하고, 이를 바탕으로 주역을 저술했다고 합니다. 주역은 단순한 점을 치는 도구를 넘어, 우주의 심오한 이치와 인간 삶의 근본 원리를 담아낸 철학적인 경전으로 자리매김했습니다. 주역은 64개의 괘(卦)로 이루어져 있으며, 각 괘는 6개의 효(爻)로 구성됩니다. 이 괘들은 음(陰)과 양(陽)의 조합으로 이루어져 있으며, 우주의 모든 현상을 상징적으로 나타냅니다. 이러한 의미에서, 문왕은 팔괘를 통해 우주의 질서를 탐구하고 이를 체계화하여 주역을 완성한 위대한 인물입니다. 주역은 이후 중국 철학과 사상에 지대한 영향을 미치며, 동아시아 문화권 전체에 널리 퍼져나갔습니다.

복희씨와 문왕, 주역 창조의 두 거인

복희씨와 문왕의 차이점을 명확히 하자면, 복희씨는 팔괘를 우주의 이치를 나타내는 기본적인 도구로 창조했다면, 문왕은 팔괘를 더욱 심오하게 발전시켜 복잡다단한 우주의 현상을 설명하고 예측하는 데 활용했습니다. 이로써 복희씨는 팔괘를 창조한 위대한 선구자이지만, 주역이라는 불멸의 경전을 완성한 것은 문왕이라고 할 수 있습니다. 문왕은 팔괘를 바탕으로 64괘를 만들고, 각 괘에 대한 심오한 해석을 덧붙여 주역의 뼈대를 세웠습니다.

주역을 완성한 위대한 손길들

결코 한 사람의 노력만으로는 이토록 방대한 주역이 탄

생활 수 없었습니다. 복희씨(伏羲氏)는 괘(卦)의 이름을 처음으로 정했고, 문왕(文王)은 그 괘의 전체적인 의미를 판단하는 단사(彖辭)를 붙였습니다. 주공(周公)은 각 괘의 효(爻)에 대한 상세한 설명을 담은 효사(爻辭)를 더했으며, 공자(孔子)는 십익(十翼)을 통해 주역의 의미를 더욱 깊이 있게 풀이하고 설명했습니다. 그리고 정자(程子)와 주자(朱子)는 주역을 체계적으로 정리하고 해석하여 후대 사람들이 쉽게 이해할 수 있도록 돕는 데 기여했습니다.

공자의 지혜가 담긴 주역 해설서, 십익(十翼)

십익(十翼)은 공자가 주역의 의미를 상세하게 풀어 설명하기 위해 썼다고 전해지는 10개의 글을 말합니다. 주역은 매우 복잡하고 심오한 내용을 담고 있어, 많은 사람이 그 의미를 쉽게 이해하기 어려워했습니다. 공자는 이러한 어려움을 해소하고 주역의 위대한 가르침을 널리 알리고자 십익을 저술했다고 합니다. 십익은 주역의 64괘에 대한 해설과 함께, 주역 전체의 원리와 의미를 설명하는 글들로 구성되어 있습니다. 주요 내용은 다음과 같습니다.

단전(彖傳): 각 괘의 전체적인 의미를 명쾌하게 설명합니다.

상전(象傳): 각 괘의 형상(形象)을 통해 그 심오한 의미를 풀어냅니다.

계사전(繫辭傳): 주역 전체의 핵심 원리와 철학적 의미를 깊이 있게 설명하는 글입니다.

문언전(文言傳): 특정한 괘에 대한 상세하고 심층적인 설명을 담고 있습니다.

서괘전(序卦傳): 괘들의 순서와 배열에 담긴 철학적 의미를 설명합니다.

설괘전(說卦傳): 8괘의 다양한 의미와 상징을 체계적으로 설명합니다.

잡괘전(雜卦傳): 각 괘의 특징을 간결하고 명료하게 설명합니다.

십익의 의미와 중요성

십익은 단순히 주역을 해설하는 글을 넘어, 공자의 사

상과 철학이 깊이 있게 담겨 있는 중요한 저작입니다. 십익을 통해 우리는 다음과 같은 유익을 얻을 수 있습니다.

복잡한 주역의 내용을 보다 쉽게 이해하고, 그 심오한 의미를 명확하게 파악할 수 있습니다.

주역을 통해 우주의 질서와 변화에 대한 깊이 있는 통찰을 얻을 수 있습니다.

주역의 가르침을 통해 인생의 다양한 문제를 해결하고, 더욱 올바르고 지혜로운 삶을 살아갈 수 있는 지혜를 얻을 수 있습니다.

십익을 통해 공자의 사상과 철학을 더욱 깊이 있게 이해할 수 있습니다.

다만, 십익이 공자의 저술이라는 사실에 대해서는 학자들 사이에 다양한 의견이 존재합니다. 일부 학자들은 십익이 공자 시대 이후에 여러 사람의 손을 거쳐 보완되고 수정되었을 가능성을 제기하기도 합니다. 하지만 십익은 오랜 시간 동안 수많은 사람에게 깊은 감동과 깨달음을 주며, 주역 연구에 있어서 없어서는 안 될 소중한 자료로 활용되어 왔습니다.

주역 해석의 두 거장, 정자와 주자

주역은 동양 철학의 핵심 경전 중 하나로, 그 해석은 시대와 학자마다 다양하게 이루어져 왔습니다. 특히 정자(程顥, 程頤)와 주자(朱熹)는 주역 해석에 있어 독자적인 체계를 구축하여 후대 주역 연구에 지대한 영향을 미쳤습니다. 정자와 주자의 주역 해석은 이후 주역 연구에 있어서 중요한 기준이 되었으며, 의리역(義理易)이라는 새로운 해석 방법을 정립했습니다. 의리역은 주역의 문자 그대로의 의미보다는 그 이면에 담긴 도덕적인 원리, 즉 인간의 본성과 삶의 이치를 중시하는 해석 방법입니다. 정자와 주자의 주역 해석은 주역 연구에 있어서 중요한 전환점이 되었으며, 이후 주역 연구의 방향을 제시했습니다. 비록 그들의 해석에 대한 비판도 존재하지만, 그들의 해석은 여전히 주역 연구에 있어서 중요한 참고 자료로 활용되고 있습니다.

성현의 가르침에 대한 경외심

아! 내 눈에는 그저 괘의 형상(形象)만 보일 뿐이지만, 성현(聖賢)의 깊고 지혜로운 눈에는 우주 본체의 심오한 이치가 꿰뚫어 보였을 것입니다. 나는 내 한 몸 건사하기도 힘겨운 이 세상에서, 성현은 후대를 걱정하고, 인류 전체의 올바른 판단 능력을 길러 어리석음에서 벗어날 수 있도록 위대한 가르침의 길을 열어주셨으니, 아! 그 숭고한 정신과 지혜에 깊은 경외심을 느낍니다! 성현의 가르침은 영원히 우리 삶의 등불이 되어줄 것입니다.

한 문장으로 이해하기

주역은 결코 단 한 사람의 노력으로 완성된 것이 아니라, 복희씨가 팔괘(八卦)를 창조하고, 문왕이 괘사(卦辭)를, 주공이 효사(爻辭)를 붙여 주역의 기본 틀을 세웠으며, 공자가 십익(十翼)을 통해 주역의 의미를 심오하게 풀이하고, 정자와 주자가 주역을 체계적으로 정리하고 해석하여 후대 사람들이 쉽게 이해할 수 있도록 돕는 등, 수많은 성현의 지혜와 노력이 오랜 세월 동안 축적되어 완성된 인류 문명의 거대한 유산입니다. 이처럼 주역은 시대를 초월하며 많은 성현들의 손길을 거쳐 완성되었고, 그들은 단순히 우주의 이치를 밝히는 데 그치지 않고, 그 깨달음을 바탕으로 인류의 행복과 번영을 위해 헌신적으로 노력했습니다. 우리는 이러한 성현들의 위대한 업적에 깊은 감탄과 존경을 느끼며, 그들의 고귀한 가르침을 통해 삶의 지혜를 배우고, 더 나은 세상을 만들어 나갈 수 있습니다.

주역 건괘(乾卦)가 안내하는
성공의 길

주역, 인류 문명사의 위대한 기록

  인류 문명사에서 획을 그은 책을 꼽으라면, 주저 없이 '주역(周易)'이라고 말하고 싶습니다. 주역은 하늘과 땅 사이에 살아가는 인간의 온갖 상황을 설정하고, 그에 적절하게 대응하여 헤쳐나가는 지혜로운 방법을 명쾌한 상징 체계를 통해 설명하고 있습니다. 그 장대한 여정의 시작이 바로 하늘을 상징하는 乾(하늘 건)괘로, 인류 문명의 근원을 하늘에 두고 있다는 점에서 그 의미가 깊습니다.

건괘, 하늘의 기운을 담아내다

건괘(乾卦)는 단순히 하늘을 상징하는 것을 넘어, 강건함, 창조, 정의, 그리고 리더십과 같은 인간의 고귀한 가치를 상징적으로 나타냅니다. 마치 밤하늘에 빛나는 별처럼, 우리에게 끊임없는 영감과 용기를 불어넣어 주는 존재이지요. 건괘는 또한 쉼 없는 변화와 성장을 의미합니다. 마치 따뜻한 봄기운을 받아 만물이 힘차게 생명을 싹틔우듯, 우리 역시 건괘의 웅장한 기운을 받아 끊임없이 성장하고 발전해야 합니다. 주역을 통해 우리는 삶의 깊은 의미를 깨닫고, 어떤 어려움과 역경 속에서도 희망을 잃지 않고 앞으로 나아갈 수 있는 강인한 힘을 얻을 수 있습니다.

하늘의 이치를 깨닫는 여정

다시 말해, 하늘을 기점으로 인간사를 풀어가는 과정을 담은 주역을 제대로 이해하기 위해서는, 매일 눈을 뜨고 하늘을 바라보면서도 그 심오한 이치를 깨닫지 못하면 결국 까막눈이 된 듯 답답함만 느낄 뿐입니다. 그러므로 우리는 하늘의 이치를 깊이 깨닫기 위해 끊임없이 배우고 탐구하는 노력을 게을리하지 말아야 합니다. 하늘의 이치와 땅의 이치에서 시작하여 인간사의 모든 것을 담아낸 주역은, 끝이 없는 변화를 의미하는 기제(旣濟)와 미제(未濟)로 마무리되는 인류 문명의 위대한 대백과사전이라고 할 수 있습니다.

한 문장으로 이해하기

주역 64괘의 시작을 알리는 건괘(乾卦)는 하늘을 상징하며, 모든 만물의 근원적인 시작을 알리는 중요한 의미를 담고 있습니다. 마치 위대한 서사의 첫 장을 여는 것처럼, 건괘는 우리 삶의 시작을 힘차게 선언하고, 하늘의 심오한 이치를 배우는 첫걸음을 내딛도록 이끌어 줍니다. 하늘을 우러러보며 자연의 숭고한 이치를 깊이 느끼는 것은 곧 우리 삶의 근본 원리를 깨닫는 것이며, 이를 통해 우리는 인생의 여정에서 길을 잃지 않고 어떤 어려움도 슬기롭게 헤쳐나갈 수 있는 지혜와 용기를 얻을 수 있습니다.

나를 위한
맞춤형 인생 지침서

괘사와 효사, 삶의 여정을 안내하는 나침반

64괘(卦) 384개의 괘사(卦辭)와 효사(爻辭)는 점괘(占卦)를 통해 얻은 정보를 구체적으로 해석하고, 각 개인의 상황에 맞는 현실적인 해답을 제시하는 중요한 역할을 합니다. 64괘의 괘사는 우리가 처한 상황의 전체적인 윤곽을 설정하여 설명하고, 384 효사는 상황이 진행되고 성장하며 소멸하는 순서도를 보여주는 것과 같습니다. 이는 단순히 미래를 예측하는 것을 넘어, 우리 삶의 올바른 방향을 제시하고, 깊이 있는 자기 성찰을 통해 잠재된 가능성을 발견하도록 돕는 나침반과 같은 역할을 합니다.

과거의 지혜와 현대적 해법의 조화

괘사와 효사는 오랜 과거의 지혜를 담고 있는 동시에, 현대 사회를 살아가는 우리가 직면하는 다양한 문제에 대한 현실적인 해답을 제시합니다. 예를 들어, 직업 선택, 인간관계, 재정 관리 등 인생의 중요한 결정을 앞두고 괘사와 효사를 참고하면, 더욱 현명하고 후회 없는 선택을 할 수 있도록 안내를 받을 수 있습니다.

삶의 의미를 찾고 성장을 촉진하는 동력

괘사와 효사는 단순히 미래를 예측하는 도구가 아니라, 우리 삶의 깊은 의미를 찾도록 돕고, 끊임없는 자기 성장을 위한 강력한 동기를 부여하는 역할을 합니다. 괘사와 효사를 통해 우리는 자신의 강점과 약점을 객관적으로 파악하고, 구체적인 목표를 설정하며, 더욱 발전된 미래를 설계할 수 있습니다.

점괘 너머의 지혜, 삶에 적용하는 통찰

점괘를 통해 얻은 괘사와 효사는 단순히 결과만을 알려주는 것이 아닙니다. 그 이면에 담긴 다층적인 의미를 깊이 있게 해석하고, 이를 우리 삶의 다양한 측면에 적용할 수 있는 귀중한 지혜를 제공합니다. 이러한 심오한 과정을 통해 우리는 끊임없이 배우고 성장하며, 더욱 발전된 존재로 나아갈 수 있습니다.

하늘의 위대함, 삶의 스승

위대하구나! 하늘이시여! 세상 그 어떤 것보다도 강인하고 굳건하며, 찰나의 순간도 쉼 없이 영원히 움직이며, 그 어떤 곳으로도 치우침 없이 공평하고, 그 어떤 것도 바르지 못한 것이 없는 완벽한 존재여서, 인간의 언어로는 다 표현할 수 없구나! 아! 이러한 하늘의 숭고한 덕을 지니고 태어나신 분이, 세상의 지도자가 되어 나라를 다스린다면, 온 천지가 태평성대를 이루련만, 그 어찌 쉬운 일이겠는가? 하늘의 위대함을 마음 깊이 느끼고, 그것을 내 삶의 가장 큰 스승으로 삼아 끊임없이 배우고 정진할 때, 우리는 비로소 참다운 기쁨과 즐거움, 그리고 충만한 행복을 느끼며 살아갈 수 있을 것입니다.

한 문장으로 이해하기

주역은 본래 점을 쳐서 길흉(吉凶)을 판단하고 올바른 삶의 방향을 제시하는 도구로 사용되었지만, 오늘날에는 이론적인 측면만 지나치게 강조되거나, 미신으로 치부되는 경우가 많습니다. 하지만 주역의 핵심은 점을 통해 얻은 괘(卦)의 의미를 깊이 있게 이해하고, 그 메시지를 통해 인생의 중요한 선택을 올바르게 내리는 데 있습니다. 괘(卦)와 효(爻)가 지니고 있는 다층적인 의미를 끊임없이 탐구하고, 그것이 현재 우리가 처한 상황에 어떤 의미를 가지는지 진지하게 고민해야 비로소 주역으로부터 진정한 지혜를 얻을 수 있습니다.

주역 공부는 마치 한 편의 소설을 읽는 것처럼, 그림(象), 글, 그리고 전체 의미를 차례대로 파악하며 깊이 있게 진행됩니다. 먼저 복희씨(伏羲氏)가 그린 그림인 '象'을 통해 자연의 이치를 읽어내고 길흉(吉凶)을 판단하며, 이어

문왕(文王)과 주공(周公)의 글을 통해 그림의 의미를 더욱 심오하게 이해합니다. 마지막으로 공자(孔子)의 해설을 통해 주역 전체의 핵심 의미를 명확하게 파악하고, 다른 학자들의 다양한 해석까지 참고하여 더욱 풍부하고 깊이 있는 이해를 추구합니다. 때로는 설명이 많아질수록 혼란스러울 수 있지만, 주역의 본질을 잊지 않고 꾸준히 공부하고 탐구하면 누구든지 주역의 지혜를 자신의 것으로 만들 수 있습니다.

하늘은 변함없이 영원히 존재하며, 모든 만물을 조건 없이 공평하게 대하는 위대한 존재입니다. 우리는 이러한 하늘의 뜻을 본받아 넓은 마음으로 모든 사람을 포용하고, 정직하고 바른 삶을 살아가도록 노력해야 합니다. 하늘의 위대함을 깨닫고 배우는 과정은 결코 쉽지 않지만, 그 숭고한 가르침을 따라 끊임없이 배우고 성장할 때, 우리는 비로소 진정한 기쁨과 즐거움, 그리고 충만한 행복을 누릴 수 있습니다. 마치 밤하늘에 빛나는 수많은 별을 바라보며 하늘의 광대함과 신비로움에 압도되듯, 우리는 하늘을 영원한 스승으로 삼아 끊임없이 배우고, 더욱 성숙한 존재로 나아가야 합니다.

원형이정(元亨利貞)이 안내하는 성공의 길

자연의 법칙, 삶의 순환

세상 모든 것은 작은 씨앗에서 시작하여 싹을 틔우고, 무성하게 자라나 아름다운 꽃을 피우고, 마침내 탐스러운 열매를 맺어 그 결실을 완성하는 과정을 거칩니다. 마치 해와 달이 끊임없이 떠오르고 지며 하늘과 땅을 이루는 것처럼 말이죠. 이것은 자연의 가장 근본적이고 변치 않는 법칙입니다. 사람도 마찬가지입니다. 우리 안에는 어질고 정의롭고 예절 바르고 지혜로운 아름다운 마음이 깃들어 있습니다. 이것이 바로 우리가 본래부터 지니고 태어난 순수하고 고귀한 본성입니다.

인간 본성의 네 가지 덕목

시초(始初), 성장(成長), 결실(結實), 완성(完成)은 자연 질서(天道)의 한결같은 법칙이며, 어짊(仁), 의로움(義), 예절(禮), 바름(貞), 지혜로움(智)은 인간 본성(性)의 벼리(綱)입니다. 이는 주자(朱熹)의 소학제사(小學題辭)에 나오는 말로, 학문의 기본을 설명하는 중요한 가르침입니다.

정자(程子)는 다음과 같이 말했습니다. "원(元)은 만물의 시초요, 형(亨)은 만물이 자라나는 과정이요, 이(利)는 만물이 열매를 맺는 결실이요, 정(貞)은 만물이 마침내 완성되는 상태이니, 건(乾)과 곤(坤)은 이 네 가지 덕을 모두 갖추고 있다. 건(乾)과 곤(坤)은 하늘과 땅의 본성과 진실한 감정(性情)을 나타낸다."

주자(朱熹)는 다음과 같이 말했습니다. "인(仁)은 마음의 덕(德)이자 사랑의 근본 이치(理)입니다. 의(義)는 마음의 올바른 법도이자 마땅히 해야 할 일(事)의 당위입니다. 예(禮)는 하늘의 이치(天理)를 절도에 맞게 아름답게 표현한 것이자, 사람이 하는 일(人事)의 법도(儀則)입니다."

본성, 우리 안에 깃든 아름다운 씨앗

"본성(本性)은 이치(理)가 우리에게 이미 갖추어져 내재(內在)해 있는 것을 가리키는데, 인(仁)이란 따뜻하고 부드러운 사랑의 도리이며, 의(義)란 옳고 그름을 판단하고 일을 처리하는(裁制) 도리입니다. 예(禮)란 공경하고 겸손한(節) 태도의 도리이며, 지(智)란 옳고 그름을 명확하게 분별하는 지혜의 도리입니다. 이 네 가지는 우리 사람의 마음에 본래부터 갖추어진 것으로서, 바로 본성의 본체(本體)입니다."

한 문장으로 이해하기

자연의 모든 것이 그러하듯, 사람도 씨앗과 같이 우리 내면에 잠재된 덕목(德目)을 꾸준히 키워나가야 합니다. 마치 해와 달이 조화롭게 하늘과 땅을 이루듯, 사람 안에는 어짊(仁), 의로움(義), 예절(禮), 지혜(智)라는 네 가지 아름다운 덕목의 씨앗이 심겨 있습니다. 주자(朱熹)는 이 네 가지 덕목을 잘 가꾸고 발전시키는 것이 인간으로서 마땅히 해야 할 가장 중요하고 가치 있는 일이라고 강조했습니다. 어짊은 따뜻한 사랑으로 다른 사람을 이해하고 배려하며 베푸는 마음, 의로움은 옳고 그름을 분명히 알고 정의로운 일을 실천하는 마음, 예절은 다른 사람을 존중하고 예의 바른 태도를 갖추는 마음, 지혜는 옳고 그름을 올바르게 분별하고 현명하게 판단하는 마음입니다. 이 네 가지 덕목을 갈고닦아 완성된 인격체로 성장하는 것이야말로 주자가 제시하는 인간다운 삶의 궁극적인 목표이자, 끊임없는 성장을 위한 영원한 길잡이입니다.

틀린 길을 걷고 있다면,
돌아서라

미원복(未遠復), 삶의 궤도를 수정하는 지혜

미원복(未遠復)이란, 문자 그대로는 '멀리 가지 않고 곧 되돌아온다'는 의미이지만, 우리 삶의 다양한 측면에서 매우 중요한 가치를 지니는 심오한 개념입니다. 길을 잃고 방황하다가 다시 올바른 길로 돌아오는 것, 잘못된 선택을 하고 후회하다가 다시 처음의 초심으로 돌아가는 것, 이 모든 상황이 바로 미원복(未遠復)의 의미를 담고 있습니다. 특히, 학습(學習)에 있어서 미원복은 더욱 깊고 중요한 의미를 내포합니다.

학업 중 방황, 그리고 돌아옴의 중요성

우리는 때때로 공부(工夫)하다가 다른 일에 정신이 팔려 학업(學業)을 소홀히 할 때가 있습니다. 마치 즐거운 유혹에 이끌려 산으로 들로 신나게 놀러 간 것처럼 말이죠. 하지만 더욱 중요한 것은, 늦었다고 자책하며 좌절하는 것이 아니라, 다시 제자리로 돌아와 잃어버렸던 집중력을 되찾고 공부(工夫)를 꾸준히 계속해 나가는 것입니다.

또한, 인생의 여정에서 길을 잃고 방황하다가 다시 올바른 길을 찾는 것, 잘못된 선택을 하고 깊이 후회하다가 다시 처음의 순수했던 마음으로 돌아가는 것 등, 우리 주변에서 미원복(未遠復)의 다양한 사례를 어렵지 않게 찾아볼 수 있습니다. 이처럼, 미원복(未遠復)의 의미는 우리 삶의 방향을 제시하는 귀중한 나침반 역할을 합니다.

주역(周易) 복괘(復卦), 회복과 새로운 시작

주역(周易)에는 지뢰 복(地雷復)이라 하여 복괘(復卦)가 있습니다. 이는 음(陰)의 기운이 극에 달하여 마침내 양(陽)의 기운이 회복된다는 심오한 의미를 지닌 괘(卦)로서, 우리

네 삶에 비추어보면 잘못됨이 극에 달하면 올바른 길로 돌아올 생각을 자연스럽게 하게 되고, 차츰차츰 모든 것이 좋아짐을 뜻하는 희망찬 괘(卦)입니다.

미원복(未遠復), 주역(周易) 속 빛나는 가르침

바로 여기에서 미원복(未遠復)이라는 가르침이 눈에 띄어, 이 글을 통해 소개하고자 합니다. 처음에는 자신의 생각이 모두 옳고 완벽하게 보일지라도, 시간이 흐르고 생각이 더욱 깊어질수록 처음 생각했던 것이 다소 부족하고 완전히 옳지 않다는 것을 깨닫게 되는 순간이 반드시 찾아옵니다. 바로 이 순간, 미련 없이 다시 제자리로 돌아와 처음의 겸허한 마음으로 다시 깊이 생각하게 되면, 의외로 금방 명쾌한 해답을 찾을 수 있다는 것을 말해줍니다.

주역(周易) 공부, 꾸준함이 답이다

주역(周易)이라는 어려운 책을 공부하는 것은 마치 험준한 높은 산을 끈기 있게 오르는 것과 같습니다. 처음에는 그 난해함에 압도되어 어렵고 힘겹게 느껴지지만, 포기하지 않고 꾸준히 노력하면 언젠가는 반드시 정상에 도달하여 세상을 굽어볼 수 있는 넓고 깊은 시야를 얻게 될 것입니다. 주역(周易)을 꾸준히 공부하면, 세상을 바라보는 눈이 더욱 넓어지고, 스스로 깊이 생각하고 판단하는 힘을 기를 수 있습니다.

미원복(未遠復), 포기하지 않는 용기

혹시 지금 학습(學習) 중에 심각한 어려움을 느껴 모든 것을 포기하고 싶은 마음이 간절하게 든다면, 잠시 하던 일을 멈추고 '미원복(未遠復)'의 깊은 의미를 차분하게 되새겨 보세요. 잠시 쉬어가는 것은 괜찮지만, 중요한 것은 결국 다시 제자리로 돌아와 끈기를 가지고 학습(學習)을 꾸준히 이어나가는 것입니다. 작은 목표를 설정하고 하나씩 달성해나가는 과정에서 짜릿한 성취감을 느끼고, 다른 사람들과 함께 공부(工夫)하는 모임에 적극적으로 참여하여 서로에게 힘이 되어주는 것도 좋은 방법입니다.

천리 길도 한 걸음부터, 꾸준함의 힘

"천 리 길도 한 걸음부터"라는 속담처럼, 지금 당장은 보잘것없어 보이는 작은 노력들이 모여 결국에는 놀라운 결과를 만들어냅니다. 그러므로 긍정적인 마음을 잃지 않고 꾸준히 노력하며 미래를 향해 힘차게 나아간다면, 우리는 반드시 원하는 목표를 이루고 꿈을 현실로 만들 수 있을 것입니다.

당신은 지금 어떤 길을 걷고 있나요?

손에서 책을 완전히 놓아버리고, 산으로 들로 방황하며 시간을 헛되이 보내다가 다시 제자리로 돌아왔습니다. 길고 길었던 방학이라는 달콤한 해방감에서 벗어나 다시 책을 펼치고 학문(學問)의 길로 돌아온 것입니다. 아무래도 처음 품었던 결심대로, 험준한 큰 산처럼 느껴지는 주역(周易) 강독을 먼저 진행하는 것이 순서인 듯합니다. 주역(周易) 강의는 대략 740회 정도 진행해야 하기에, 쉼 없이 부지런히 공부(工夫)해야 합니다. 처음부터 주역(周易)이 너무 어렵다고 속단하지 말고, 차츰차츰 왜 주역(周易)을 공부해야 하는지, 그리고 그 심오한 이치는 과연 무엇인지 깊이 있게 생각하고 탐구해야 합니다. 그러다 보면, 사물을 꿰뚫어 보는 통찰력과 세상일에 능숙하게 대처하는 지혜는 자연스럽게 얻게 될 것입니다. 금방 눈앞에 펼쳐질 부(富)와 귀(貴)를 좇지 말고, 묵묵히 자신의 길을 굳건히 걸어가야 합니다.

미원복(未遠復), 당신의 삶을 위한 지혜

여러분은 지금 삶의 여정에서 어떤 어려움을 겪고 있나요? 혹시 지금 걷고 있는 길이 잘못된 길이라고 느껴본 적은 없나요? 이럴 때, 미원복(未遠復)이라는 고귀한 지혜를 곱씹어 보는 것은 어떨까요?

한 문장으로 이해하기

미원복(未遠復)의 가르침은 아무리 멀리 방황하고 헤매었을지라도, 결국에는 반드시 제자리로 돌아오게 된다는 심오한 진리를 담고 있습니다. 주역(周易)을 통해 세상을 더욱 넓고 깊게 바라보고, 부(富)와 명예(名譽)는 결코 일확천금처럼 쉽게 얻을 수 있는 것이 아니라, 끈기와 노력이라는 값진 대가를 치른 후에야 비로소 얻을 수 있다는 사실을 항상 기억해야 합니다. 설령 잠시 다른 길로 새어 나가더라도, 너무 자책하거나 포기하지 말고, 다시 원래의 목표를 향해 묵묵히 나아가는 용기와 끈기를 가져야 합니다. 마치 길을 잃고 헤매던 사람이 마침내 올바른 길을 찾아내듯, 우리도 수많은 어려움을 극복하고 꾸준히 노력하면 마침내 우리가 간절히 염원하는 목표를 반드시 이룰 수 있을 것입니다.

인생의 주기,
당신은 어디에 서 있는가?

물극필반(物極必反), 변화의 법칙

우리는 흔히 남극, 북극이라는 말을 사용합니다. 이처럼 모든 것은 시작과 끝이 있고, 끊임없이 변화를 거듭합니다. 세상의 모든 것은 극에 달하면 반드시 반대 방향으로 돌아선다는 것이 주역의 심오한 가르침, 즉 '물극필반(物極必反)'의 원리입니다.

자연의 순리, 삶의 지혜

겨울이 지나면 봄이 오고, 밤이 지나면 낮이 오듯 세

상의 모든 것은 끊임없이 변화합니다. 옛 성현들은 이러한 자연의 순리를 깊이 관찰하고, 인간의 삶에도 동일한 원리가 적용된다고 보았습니다. 예를 들어, 겨울이 오기 전 서리가 내리는 것을 보고 곧 혹독한 추위가 닥쳐올 것을 예측했던 것처럼, 우리는 삶에서 일어나는 다양한 변화를 미리 감지하고 대비해야 합니다. 인간의 감정 또한 마찬가지입니다. 처음에는 누군가를 열렬히 좋아하다가도 점차 싫어하게 되기도 하고, 반대로 처음에는 싫어하던 사람에게 점점 호감을 느끼게 되기도 합니다. 이처럼 우리의 감정은 끊임없이 변화하며, 이는 자연의 순리에 따른 매우 당연한 현상이라고 할 수 있습니다. 작은 변화가 결국 큰 결과를 가져온다는 것을 항상 기억해야 합니다. 건강을 소홀히 관리하면 결국 큰 병으로 이어지듯, 작은 실수가 쌓여 돌이킬 수 없는 큰 실패로 이어질 수도 있습니다. 따라서 우리는 끊임없이 변화하는 세상에 유연하게 대처하고, 다가올 미래를 위해 철저히 준비해야 합니다.

물극필반, 삶에 적용하는 방법

그렇다면 우리는 어떻게 '물극필반'의 원리를 우리 삶에 구체적으로 적용할 수 있을까요? 먼저, 지금 현재 우리가 처한 상황을 냉정하고 객관적으로 바라보고, 앞으로 일어날 변화의 흐름을 정확하게 파악하는 것이 중요합니다.

미래를 위한 준비, 긍정적인 마음

마치 겨울이 오기 전에 따뜻한 옷을 미리 준비하듯, 다가올 미래에 대비하여 철저한 계획을 세우고 필요한 준비를 해야 합니다. 그리고 어떤 상황에 직면하더라도 긍정적인 마음을 유지하는 것이 매우 중요합니다.

인생은 변화의 연속, 희망을 잃지 마세요

인생은 끊임없이 변화하는 여정과 같습니다. 때로는 예상치 못한 고난이 찾아와 우리를 힘들게 하기도 하지만, 모든 어려움은 결국 지나가게 마련입니다. '물극필반'의 원리를 마음속 깊이 새기고, 변화를 두려워하지 말고 용기 있게 당당하게 맞서십시오.

지금 당신은 어디에 서 있나요?

당신은 지금 인생의 어떤 변화를 겪고 있나요? 만약 힘겹고 어려운 시기를 보내고 있다면, 곧 밝고 좋은 날이 찾아올 것이라는 희망을 품고 꿋꿋하게 견뎌내십시오. 그리고 만약 지금 번영과 풍요를 누리고 있다면, 다가올 변화에 대한 철저한 준비를 결코 잊지 마십시오. '물극필반', 즉 세상 모든 것은 변한다는 영원불변의 진리를 항상 기억하고, 긍정적인 마음으로 희망찬 미래를 향해 힘차게 나아가십시오.

한 문장으로 이해하기

세상 모든 것은 끊임없이 변화하며, 우리는 이러한 변화를 미리 예측하고 철저히 대비하는 지혜를 갖추어야 합니다. 마치 낮과 밤이 규칙적으로 바뀌고 사계절이 순환하듯, 우리 삶 역시 흥망성쇠를 거듭하는 변화의 연속입니다. 이러한 자연의 이치를 깊이 깨닫고, 앞으로 일어날 변화를 예상하고 준비하는 자세가 중요합니다. 겨울이 오기 전에 따뜻한 옷을 미리 준비하듯이, 우리는 미래에 닥칠 다양한 상황에 대비해야 합니다. 작은 신호를 통해 큰 변화를 감지하는 능력, 즉 '기미를 살피는' 예리한 통찰력을 키우는 것이 중요하며, 옛 성현들은 이미 이러한 자연의 순리를 깨닫고, 변화에 슬기롭게 대처하는 지혜를 우리에게 전해주었습니다. 우리는 성인들의 소중한 가르침을 통해 급변하는 세상 속에서 더욱 현명하고 지혜롭게 살아갈 수 있습니다.

서리를 밟는 순간,
당신은 무엇을 준비하고 있나요?

작은 조짐을 놓치지 않는 지혜,
이상잠(履霜箴)의 가르침

"작은 조짐을 놓치지 말자!" 두려워해야 할 것은 바로 조짐이고, 막아야 할 것은 아직 미세한 것입니다. 조짐(兆朕)을 제대로 살피지 않으면 그 결과를 예측할 수 없고, 작을 때 막지 않으면 결국 위험이 닥쳐오게 되니, 미리 분별(分辨)하고 대비해야 합니다. 미리 분별하지 못하면 나중에 아무리 후회해도 소용이 없습니다.

주역의 가르침, 서리에서 얼음을 예측하다

주역(周易)에도 이와 같은 가르침이 있습니다. 서리를 밟는 것에 비유하여 이야기합니다. 서리를 밟으면 차가움을 느끼지만, 처음에는 별다른 해가 없을 것이라고 생각하기 쉽습니다. 하지만 서리를 계속해서 밟다 보면 결국 굳은 얼음이 얼게 됩니다. 이처럼 작은 조짐을 방치하여 점점 커지도록 내버려 두어서는 안 됩니다. 조짐이 자라나면 손을 쓸 수 없을 만큼 상황이 악화될 수 있습니다. 털끝만큼의 아주 작은 차이가 시간이 지나면서 천 리, 만 리만큼 크게 벌어질 수 있습니다.

작은 시작, 큰 결과, 경계하고 또 경계하라

그래서 옛말에 이런 지혜가 담겨 있습니다. "작은 일에서부터 큰일을 도모(圖謀)하는 사람은 결국 성공하고, 쉬운 일이라고 방심하고 어려움을 대비하지 않는 사람은 결국 망한다." 항상 경계하고, 또 경계하십시오. 이 가르침을 마음 깊이 새겨 잊지 마십시오.

이상잠, 현대 사회를 살아가는 지혜

주세붕 선생의 이상잠(履霜箴)은 단순히 과거의 지혜가 아닙니다. 빠르게 변화하는 현대 사회에서 더욱 중요한 가르침을 줍니다. 작은 변화를 소홀히 여기면 결국 큰 위기를 맞이할 수 있기 때문입니다.

기업 경영, 개인의 삶, 인간관계,
모든 영역에 적용되는 이상잠

기업 경영에서도 마찬가지입니다. 소비자의 작은 불만이나 시장의 미세한 변화를 간과하면 경쟁에서 뒤처질 수 있습니다. 데이터 분석을 통해 소비자의 흐름을 정확히 파악하고, 시장 변화에 유연하게 대처하는 것이 무엇보다 중요합니다. 개인의 삶에서도 마찬가지입니다. 건강에 이상이 생겼을 때 나타나는 작은 신호를 무시하면 결국 큰 질병으로 이어질 수 있습니다. 인간관계에서도 상대방의 작은 변화를 감지하고 소통하는 노력을 기울여야 관계를 원만하게 유지할 수 있습니다.

미래를 예측하는 힘, 배우고 성장하며 직관을 믿어라

그렇다면 우리는 어떻게 이처럼 작은 조짐을 놓치지 않고 다가올 미래를 정확히 예측할 수 있을까요? 먼저, 끊임없이 배우고 성장하는 자세를 가져야 합니다. 새로운 정보를 적극적으로 습득하고, 다양한 사람들과 활발하게 교류하며 세상을 보는 시야를 넓혀나가야 합니다. 또한, 자신의 직관을 믿고 작은 변화에도 민감하게 반응하는 예리한 감각을 키워야 합니다.

역사 속 인물들이 보여준 이상잠의 가치

역사 속 위대한 인물들의 사례를 살펴보면 이상잠의 중요성을 더욱 명확하게 알 수 있습니다. 삼국지의 유비는 시대의 흐름을 정확히 읽고, 적재적소에 인재를 등용하여 결국 천하를 통일하는 데 성공했습니다. 이처럼 우리도 작은 조짐을 통해 미래를 예측하고, 성공적인 삶을 살아갈 수 있습니다.

지금 당장 시작하는 작은 변화, 당신의 미래를 바꿀 수 있습니다.

  오늘부터 작은 변화를 실천해 보세요. 주변 사람들의 말에 더욱 귀 기울이고, 새로운 정보를 적극적으로 습득하며, 하루에 단 10분이라도 자신을 돌아보는 시간을 가져보세요. 이처럼 사소해 보이는 작은 노력들이 모여, 당신의 삶에 놀라운 변화를 가져다줄 것입니다.

한 문장으로 이해하기

  이상잠(履霜箴)의 가르침은 작은 변화를 결코 소홀히 여기지 말고, 다가올 미래를 미리 예측하고 철저히 준비하는 지혜를 강조합니다. 마치 서리가 내린 땅을 밟는 것처럼, 작은 변화를 가볍게 생각하고 방치하다 보면 결국 큰 위험으로 이어질 수 있습니다. 주역에서도 이와 같은 지혜를 강조하며, 작은 변화를 통해 미래를 예측하고 철저하게 대비하는 것이 중요하다고 말합니다. 우리는 주변을 끊임없이 세심하게 관찰하고, 작은 변화에도 민감하게 반응하는 섬세한 감각을 키워 미래를 예측하고, 작은 문제라도 소홀히 여기지 않고 적극적으로 해결하려는 자세를 가져야 합니다. 겨울이 오기 전에 서리가 내리는 것을 보고 겨울을 예측하듯이, 우리 삶에서도 작은 변화의 징후를 주의 깊게 살펴 미래를 미리 준비해야 합니다.

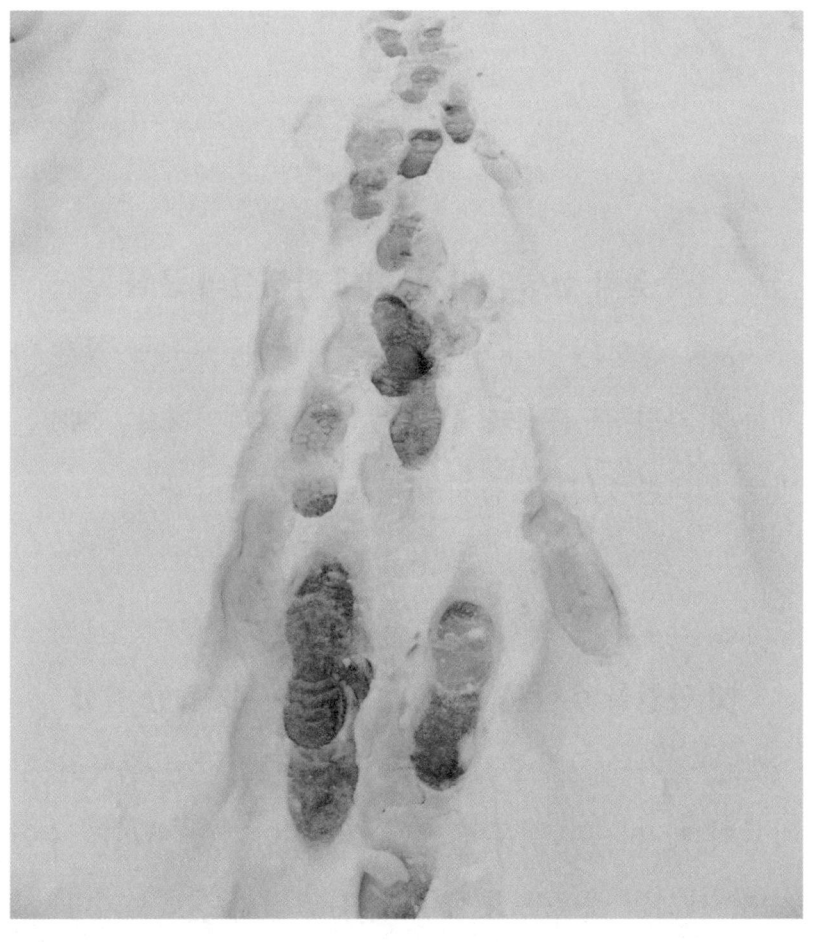

당신의 삶을 바꿀
단 하나의 질문, 도학(道學)

추동곽 선생의 탄식, 현대 학생들의 근심

추동곽 선생은 안타까워하며 말합니다. 오늘날 많은 학생들의 가장 큰 근심과 걱정은 과연 무엇일까요? 그것은 바로 웅대한 큰 뜻을 품지 못하는 데 있습니다.

옛 현인들의 학문, 도(道)와 성인(聖人)을 향한 열정

옛날 정자(程子)나 주자(朱子)와 같이 존경받는 훌륭한 학자들의 제자들은, 학문(學問)에 대해 이야기할 기회가 주어지면, 자신의 뜻을 도(道)에 두기를 간절히 원했습니다. 사람으로서 어떻게 살아가야 하는지에 대해 논할 때는, 성인(聖人)을 삶의 궁극적인 목표로 삼았습니다. 이왕에 공부를 시작했다면, 하늘의 이치(理致) 그대로 도(道)를 따라 올바르게 행하려고 노력했고, 인생의 본보기로 삼을 만한 인물을 꼽으라면 주저 없이 성인(聖人)을 입버릇처럼 칭송하곤 했습니다.

공자의 학문, 성인의 길을 향한 끊임없는 정진

공자님께서는 일찍이 "나는 15세에 학문(學問)에 뜻을 두었다"라고 말씀하셨습니다. 이 말씀에는 성인의 정신이 고스란히 담겨 있으며, 학문(學問)에 대한 깊은 뜻, 즉 지학(志學)과 배우기를 결코 싫어하지 않는 학불염(學不厭)의 자세가 바로 성인이 되신 근본적인 이유였음을 알 수 있습니다. 배워야 함을 깨닫고 열심히 배우는 사람은 현인(賢人)의 경지에 이를 수 있지만, 이를 깨닫지 못하고 학문을 포기하는 사람은 어리석은 사람이 될 뿐입니다. 성인은 결코 저절로 성인이 된 것이 아니며, 현인들 또한 스스로 현인이 된 것이 아닙니다. 마찬가지로 어리석은 사람들도 처음부터 어리석었던 것은 아닙니다.

하늘이 내려준 본성,
배우면 능히 이루지 못할 것이 없다

하늘이 우리에게 내려준 본성에는 모든 이치가 완벽하게 갖추어져 있습니다. 그러므로 배우고 노력하면 능히 이루지 못할 일은 세상에 아무것도 없습니다. 천고(千古)의 성현들도 처음에는 우리와 똑같은 평범한 사람이었습니다. 그런데 우리는 어찌하여 포기하는 것을 당연하게 여기고, 배우려는 의지조차 갖지 않으려 하는 것일까요?

현대 사회의 문제점, 도(道)를 잃어버린 교육

현대 사회는 놀라운 물질적 발전을 이루었지만, 동시에 편리함만을 추구하는 길을 닦는 데 집중하며, 정작 사람이 어떻게 살아가야 하는지, 즉 사람이 걸어가야 할 도리(道理)를 가르치는 교육에는 소홀히 하고 있습니다. 학교에서는 다양한 지식과 기술을 배우지만, 진정으로 인간답게 살아가는 방법, 타인과 조화로운 관계를 맺는 방법에 대한 교육은 부족한 실정입니다. 마치 잘 포장된 멋진 도로만 건설하고, 그 도로를 어떻게 안전하고 올바르게 이용해야 하는지에 대한 안내는 부족한 셈입니다.

도학(道學), 인간 본성을 탐구하는 학문

도학(道學)은 바로 이러한 시대의 문제점을 해결하기 위한 해법을 제시하는 중요한 학문입니다. 도학은 단순히 지식만을 쌓는 학문이 아니라, 인간의 본성(本性)을 깊이 탐구하고, 올바르고 가치 있는 삶의 방식을 제시하는 심오한 학문입니다. 욕심을 버리고 인간다운 삶을 살아가는 방법, 타인과의 관계를 조화롭게 유지하는 방법 등을 배우는 것이 도학의 핵심 목표입니다.

도학의 중요성, 혼란한 시대의 나침반

하지만 현대 사회는 물질적인 성공을 지나치게 강조하고, 개인주의가 만연하면서 도학의 가치가 제대로 평가

받지 못하고 있습니다. 바로 이러한 상황에서 도학은 더욱 중요한 의미를 지닙니다. 혼란스럽고 불확실한 시대를 살아가는 우리에게, 도학은 삶의 올바른 방향을 제시하고, 현명한 판단을 내릴 수 있도록 도와주는 나침반과 같은 역할을 할 수 있습니다.

도학, 더 나은 사회를 위한 필수 학문

따라서 도학은 결코 과거의 유물이 아니라, 현대 사회를 살아가는 우리 모두가 반드시 학습해야 할 중요한 학문입니다. 도학을 통해 우리는 인간으로서의 존엄성과 가치를 회복하고, 더불어 살아가는 아름다운 사회를 만들어 나가는 데 기여할 수 있을 것입니다.

학문에 뜻을 두는 용기, 위대한 성취의 시작

이른 새벽부터 밤늦도록 깊이 생각하고 고민해 보니, 문득 깨달음이 찾아왔습니다. 학문(學問)에 굳건한 뜻을 품고 최선을 다해 정진한다면, 현인(賢人)을 목표로 삼은 사람은 반드시 현인의 경지에 도달할 수 있으며, 성인(聖人)을 희망하고 하늘의 뜻을 따르려는 사람은 그 누구도 그의 숭고한 뜻을 막을 수 없을 것입니다. 그러나 안타깝게도, 세상에는 이렇게 웅대한 큰 뜻을 품지 못하고, 현실의 작은 것에만 집착하여 꿈인지 생시인지 분별하지 못하고 허우적대다가, 결국 세상 사람들에게 아무런 영향도 주지 못하고 자신의 잠재력을 펼치지 못한 채 살아가는 사람들이 너무나 많습니다. 그 모든 원인은 바로 학문(學問)에 대한 분명한 뜻을 세우지 못한 데 있습니다.

한 문장으로 이해하기

옛날이나 지금이나 학생들의 가장 큰 고민은 "내가 무엇을 위해 살아야 하는가?"라는 근본적인 질문입니다. 옛날 훌륭한 학자들은 하늘의 이치를 깊이 깨닫고, 성인(聖人)처럼 훌륭한 사람이 되는 웅대한 뜻을 품고 학문(學問)에 매진했습니다. 공자님 또한 그러한 삶을 사셨죠. 우리도 마찬가지로, 뚜렷한 큰 뜻을 가지고 학문(學問)에 임한다면, 누구든지 성인(聖人)처럼 현명하고 존경받는 사람이 될 수 있습니다. 하지만 많은 사람들이 눈앞의 작은 이익과 현실적인 문제에만 매몰되어 살아가다 보니, 자신의 무한한 잠재력을 제대로 펼치지 못하고 안타까운 삶을 살아가고 있는 것입니다.

나의 삶을
바꾸는 힘

아버지의 가르침, 마음의 중요성

"아버지는 내 이름을 바꾸며 이렇게 말씀하셨지. '뜻이라는 것은 바로 마음의 씀씀이란다. 마음에 바르지 못함이 없으면 그 씀씀이가 바르지 못함이 없는데, 그 쓰임에 있어서는 바르고 비뚤어진 분간이 있게 마련이니 반드시 살펴봐야 한다.'" 이 말씀은 내게 인생의 중요한 지혜를 주었다. 즉, 단순히 정해진 규칙을 따르는 수동적인 삶이 아닌, 스스로 삶의 목표를 설정하고 그 목표를 향해 주체적으로 나아가는 능동적인 삶을 살아야 한다는 것을 가르쳐주었다. 또한, 목표를 향해 나아가는 과정에서 마음가짐이 얼마나 중요한지 깊이 깨닫게 해주었다. 끊임없이 자신을 돌아보고, 더 나은 사람으로 성장하기 위해 부단히 노력해야 한다는 아버지의 가르침은 지금도 내 삶을 이끄는 소중한 길잡이가 되고 있다.

아버지의 따뜻한 조언

"아버지는 내게 단순히 이름만 바꿔주신 것이 아니라, 인생을 살아가는 데 가장 중요한 것은 바로 '마음가짐'이라는 것을 뼈저리게 가르쳐주셨어요. 아무리 똑똑하고 훌륭한 사람이라도 마음이 올바르지 못하면 결국 실패하고 말지만, 마음이 바르면 어떤 어려움이 닥쳐와도 능히 이겨낼 수 있다는 것을요. 아버지의 따뜻한 조언을 가슴 깊이 새기고, 항상 올바른 마음으로 살아가려고 노력하고 있습니다."

공자의 학문, 뜻을 세우는 것의 중요성

옛날 공자께서는 하늘이 내어주신 성인(聖人)이라고 일컬

어졌음에도 불구하고, 반드시 15세부터 학문(學問)에 뜻을 두어야 한다고 강조하셨으니, 뜻이라는 것은 진덕지기(進德之基), 즉 덕(德)에 나아가는 기반이 되므로, 성인(聖人)이나 현인(賢人)과 같은 위대한 사람들도 여기서부터 부단히 분발(奮發)하지 않을 수 없었습니다.

뜻의 힘, 한계 없는 가능성

뜻이란! 멀다고 해서 도달하지 못하는 곳이 없어, 험준한 산꼭대기나 깊은 산속까지도 모두 갈 수 있고, 광활한 바다 밑바닥이나 아득한 바다 끝까지도 모두 닿을 수 있으니, 그 한계를 감히 설정할 수 없습니다. 뜻이 향하는 바는 아무리 견고하다 해도 뚫고 지나가지 못하는 것이 없어서, 날카롭고 정밀한 무기와 견고한 갑옷을 입었다 하더라도 능히 막아낼 수 없습니다.

너의 뜻은 어디를 향하고 있는가?

그렇다면 너의 뜻은 앞으로 어디를 향해서 나아가려고

하는가? 내가 듣자 하니, 길이란 선악(善惡), 즉 착한 길과 악한 길, 도리(道理)의 길과 이익만을 추구해 가는 탐욕의 길, 이 두 갈래 길로 나뉠 뿐이다.

도(道)에 뜻을 두면 얻는 것, 잃는 것

그래서 도(道)에 뜻을 두면 이치(理致)와 의리(義理)가 삶의 주체가 되어, 물질적인 욕심(物慾)은 자연스럽게 다른 곳으로 물러나게 되지만, 이익(利益)에 뜻을 두면 물질적인 욕심이 도리어 삶의 주인이 되어, 이치(理致)와 의리(義理)는 발붙일 곳을 잃게 되니, 그 분명한 증거가 바로 훌륭한 임금인 요(堯) 임금과 순(舜) 임금, 그리고 악한 임금인 걸(桀)과 흉악한 도둑인 도척(盜跖)의 극명하게 갈라진 삶의 모습에서 찾아볼 수 있다. 어찌 삼가지 않고 경계하지 않겠는가! 이것이 바로 내가 너의 이름을 고쳐준 '지도(志道)'의 진정한 의미이니, 도(道)에 뜻을 두고 올바르게 살아가라는 뜻이다.

한 문장으로 이해하기

　예나 지금이나, 젊은 날에 품는 꿈과 목표는 우리 삶의 방향을 결정짓는 가장 중요한 요소입니다. 옛 현인들은 누구나 어릴 때부터 숭고한 이상과 목표를 가지고 학문에 매진했으며, 그 꿈을 향해 나아가는 여정에서 옳은 길을 선택하는 것이 얼마나 중요한지 끊임없이 강조했습니다. 꿈은 단순히 물질적인 성공이나 지위 획득을 넘어, 우리가 어떤 사람으로 성장하고 싶은지에 대한 깊이 있는 비전을 제시합니다. 마치 험준한 산을 향해 묵묵히 나아가는 등산객처럼, 꿈을 향한 여정은 때로는 힘들고 고될 수 있지만, 그 과정 속에서 우리는 더욱 성숙하고 풍요로운 존재로 성장하게 될 것입니다. 하지만 눈앞의 달콤한 유혹에 이끌려 쉽고 편한 길을 선택한다면, 당장의 만족감은 얻을 수 있을지라도 결국에는 깊은 후회와 허무함만을 남길 수 있습니다. 그러므로 너의 이름 '지도(志道)'에 담긴 깊은 뜻을 항상 기억하고, 옳은 길을 향해 굳건히 나아가는 용기와 지혜를 갖추며, 도덕적인 삶을 살아가도록 부단히 노력해야 합니다. 옛 현명한 임금과 악한 도둑의 극명하게 대비되는 삶의 이야기처럼, 우리의 선택 하나하나가 훗날 우리 삶의 모습을 결정짓는 중요한 요소가 될 것임을 명심해야 합니다.

어둠 속의 빛,
포몽(包蒙)으로 세상을 밝힌다

포몽(包蒙), 어둠을 밝히는 지도력

포몽(包蒙)은 단순히 어리석은 사람을 감싸 안는 것을 넘어, 더 깊고 숭고한 인생의 지혜를 담고 있는 중요한 개념입니다. 세상이 어둠에 잠겨 방향을 잃었을 때, 스스로 빛을 밝혀 주변을 비추고 다른 이들을 올바른 길로 이끄는 것, 이것이 바로 포몽이 지향하는 진정한 지도력의 본질입니다.

맹자의 가르침, 먼저 자신을 밝히라

맹자(孟子)의 '우물에 빠진 사람을 건져내는 방법'에 대한 가르침은 이러한 포몽의 정신을 명확하게 보여줍니다. 자신이 먼저 밝은 덕(德)을 쌓고, 올바른 지혜를 갖추어야만 다른 사람을 진정으로 구할 수 있다는 것입니다. 이는 단순히 다른 사람을 돕는 행위를 넘어, 끊임없이 스스로 성장하고 발전하는 자기 계발의 과정과 밀접하게 연결되어 있습니다.

식자우환(識字憂患), 깨달은 자의 책임

식자우환(識字憂患)이라는 말은 이러한 맥락에서 더욱 의미심장하게 다가옵니다. 글을 읽고 세상을 이해하며 올바른 지식을 깨달은 사람은, 자기에게 주어진 지식과 능력을 활용하여 세상을 더욱 정의롭고 나은 곳으로 만들어야 할 무거운 책임감을 느끼게 됩니다.

포용과 공감, 함께 성장하는 사회

포몽은 단순히 약자만을 보호하고 보살피는 것을 넘어, 다양한 가치관과 생각을 가진 사람들이 서로 존중하고 협력하며 함께 성장할 수 있는 건강한 토대를 마련하는 것입니다. 역사 속에서 위대한 업적을 남긴 지도자들은 모두 이러한 포용(包容)의 정신을 바탕으로 혼란스럽고 어려운 시대를 성공적으로 이끌었습니다. 그들은 다양한 사람들의 목소리에 귀 기울이고, 그들의 지혜를 모아 함께 문제를 해결하려는 끊임없는 노력을 통해 시대의 긍정적인 변화를 이끌어냈습니다.

포용력, 위대한 리더십의 조건

그릇이 크고 넓으면 그 어떤 것도 다 담아낼 수 있듯이, 사람을 끌어안을 수 있는 능력이 얼마나 넓고 깊고 큰지, 어리석은 사람들을 너그럽게 포용하고, 끊임없이 변덕을 부리는 간사한 마음까지도 넓은 아량으로 감싸 안을 수 있는 지도자의 능력은, 시대를 초월하여 중요한 가치입니다. 이는 곧 포용(包容)적인 지도력의 중요성을 강조하는 말입니다. 진정한 리더는 다양한 사람들의 생각과 감정을 깊이 이해하고 수용하며, 그들을 하나로 묶어 공동의 목표를 향해 나아갈 수 있도록 이끄는 탁월한 능력을 갖추어야 합니다.

다양성 시대, 포몽의 더욱 중요해진 가치

오늘날 우리 사회는 과거 어느 때보다 더욱 다양해지고 복잡해졌습니다. 이러한 급격한 변화 속에서 성공적인 지도력은 단순히 뛰어난 개인의 능력에 의존하는 것이 아니라, 구성원들의 다양한 의견을 존중하고 조화롭게 융합하는 포용(包容)적인 마음가짐에 달려있습니다. 포몽(包蒙)의 정신을 실천하는 것은 단지 다른 사람을 돕는 이타적인 행위를 넘어, 더 나은 세상을 함께 만들어가는 숭고한 첫걸음입니다.

포몽, 실천해야 할 삶의 지혜

포몽(包蒙)은 결코 추상적인 이념이나 이상적인 구호에

그치는 것이 아니라, 우리가 실제로 삶 속에서 끊임없이 실천하고 추구해야 할 소중한 가치입니다. 우리는 모두 포몽의 정신을 가슴 깊이 새기고, 각자의 위치에서 세상을 밝히는 아름다운 빛이 되어야 합니다.

한 문장으로 이해하기

이 글은 단순히 어리석은 사람을 감싸 안는 소극적인 자세를 넘어, 어두운 세상을 지혜와 사랑으로 밝히는 훌륭한 지도력의 중요성을 강조합니다. 즉, 자기 성찰을 통해 끊임없이 덕(德)을 쌓고, 다양한 사람들을 포용하며, 사회적 책임감을 가지고 세상을 더욱 정의롭고 풍요로운 곳으로 이끄는 능력이 바로 포몽(包蒙)이 지향하는 지도력의 핵심입니다.

포용력(包容力)은 그릇의 크기에 비유될 수 있습니다. 넓은 그릇은 다양한 사람들의 생각과 의견을 너그럽게 담아낼 수 있듯이, 진정한 리더는 넓은 마음으로 다른 사람들을 이해하고 존중하며, 그들의 잠재력을 끌어내는 데 힘써야 합니다. 특히 사회적 약자나 어려움에 부닥친 사람들에게 깊은 공감과 따뜻한 지지를 보내며, 함께 성장하고 발전할 수 있도록 적극적으로 이끌어야 합니다. 사회적 책임감은 우리 모두가 세상을 밝히는 긍정적인 변화의 주인공이 되기 위한 필수적인 자세입니다. 현대 사회는 다양성을 존중하고, 효과적인 소통과 협력을 통해 사회 문제를 해결하고자 노력해야 합니다. 우리는 사회의 소중한 일원으로서, 작은 변화부터 시작하여 더 나은 세상을 만들어가는 여정에 적극적으로 참여해야 합니다.

결론적으로, '포몽(包蒙)'은 단순한 한자어(漢字語)가 아니라, 우리 삶의 방향을 제시하는 소중한 나침반과 같습니다. 끊임없는 자기 성장을 통해 세상을 살아갈 지혜를 얻고, 다른 사람들과의 건강하고 풍요로운 관계를 발전시키며, 나아가 사회 전체에 이바지하는 가치 있는 삶을 살아가도록 이끌어줍니다. 우리는 '포몽(包蒙)'의 깊은 의미를 되새기며, 이 아름다운 세상을 더욱 밝고 따뜻하게 만들어가는 빛나는 주인공이 되어야 합니다.

장점에
눈멀지 말라

사랑과 욕심에 가려진 진실

사랑에 깊이 빠지거나 강렬한 욕심에 눈이 멀게 되면, 마치 혈구(絜矩) 없이 세상을 제멋대로 측정하려는 어리석음과 같습니다. 우리는 상대방의 단점을 제대로 인식하는 능력을 쉽게 잃어버리고, 오직 긍정적인 면에만 집중하게 됩니다.

하지만 혈구를 통해 정확한 기준으로 상대를 바라볼 때, 비로소 우리는 그 사람의 모든 면모를 더욱 객관적으로, 그리고 온전하게 이해할 수 있습니다. 단점을 인정하는 것은 결코 그 사람 자체를 부정하거나 폄하하는 것이 아니라, 더욱 성숙하고 건강한 관계를 구축해 나아가기 위한 필수적인 첫걸음입니다.

대학(大學)의 가르침, 균형 잡힌 시각

대학(大學)에서는 다음과 같은 현명한 가르침을 제시합니다.

好而知其惡 惡而知其美

호이지기악 오이지기미

좋아하더라도 그 악함을 알아야 하고,

미워하더라도 그 선함을 알아야 한다.

눈먼 사랑, 왜곡된 현실

"눈이 멀었다!", "사랑에, 욕심에 눈이 멀었다!", 혹은 "사랑에, 욕심에 빠졌다!"라는 말을 우리는 일상에서 자주 듣습니다. 일단 사랑에 눈이 멀거나 욕심에 사로잡히게 되면, 마치 무언가에 홀린 듯이, 우리의 모든 관심은 그 대상에만 쏠려 주변을 돌아볼 여유조차 잃어버립니다. 아니, 애초에 주변을 돌아보려는 생각 자체를 하지 못하게 됩니다. 사랑에 깊이 빠지거나 욕심에 눈이 멀면, 상대방의 머리부터 발끝까지 모든 것이 아름답고 완벽하게만 보입니다. 분명 시간이 지나고 냉정하게 돌이켜보면, 단점이나 부족한 부분이 눈에 띄게 마련인데도, 그 당시에는 모든 것이 그저 사랑스럽게만 느껴질 뿐입니다. 이러한 마음이 가장 극명하게 드러나는 순간이 바로 할아버지 할머니가 갓 태어난 손주를 바라볼 때, 청춘 남녀가 뜨거운 사랑에 빠져 있을 때, 그리고 개나 고양이와 같은 귀여운 애완동물에 푹 빠져 있을 때입니다. 더 나아가, 자기 논에 잘 자라는 벼를 보면서도, 끊임없이 옆 논을 흘낏거리며 자기 논의 곡식이 덜 자라는 것을 안타까워하고, 사랑스러운 자식을 바라보면서도, 굳이 옆집 자식과 비교하며 늘 부족하다고 불평하는 부모의 모습에서도 이러한 현상을 찾아볼 수 있습니다.

역사 속 교훈, 오만과 몰락

사랑에 빠진 사람들은 흔히 상대방의 단점을 제대로 파

악하는 능력을 상실하기 쉽습니다. 마치 사랑의 콩깍지가 씌워진 채, 왜곡된 시각으로 세상을 바라보는 것과 같습니다. 역사는 우리에게 수많은 교훈을 남겨주었습니다. 자신의 단점을 깨닫지 못하고 오만과 자만에 빠진 사람들이 결국 어떤 비참한 결과를 맞이했는지 생생하게 보여줍니다.

역사 공부의 진정한 목적, 그리고 용기

바로 이러한 점에서, 우리는 역사 공부의 진정한 목적을 찾을 수 있습니다. 단순히 사건, 인물, 왕조의 이름을 외우는 암기식 역사 공부가 아니라, 한 나라의 흥망성쇠와 우리 인생의 탄생, 성장, 노쇠의 흐름을 깊이 있게 파악하는 것이야말로 진정으로 가치 있는 역사 공부입니다. 이를 통해 우리는 자신의 단점을 겸허하게 인정하는 것이 얼마나 용기 있는 행동인지를 깨닫게 됩니다. 그리고 이 용기는 우리를 더욱 나은 사람으로 성장시키는 소중한 밑거름이 됩니다.

공감과 이해, 관계를 위한 노력

이렇듯, 우리는 타인의 단점을 무조건적으로 비난하거나 비판하기보다는, 그들의 상황과 처지를 이해하고 공감하려는 따뜻한 노력을 기울여야 합니다.

한 문장으로 이해하기

사랑이나 욕심에 눈이 멀어 다른 사람의 장점만 부러워하거나, 반대로 자신의 단점에만 매몰되어 스스로를 비하하기보다는, 객관적이고 균형 잡힌 시각으로 자신을 바라보고 부족한 점을 묵묵히 개선해 나가는 자세가 중요합니다. 끊임없이 다른 사람과 비교하며 괴로워하기보다, 자기 안에 존재하는 강점을 발견하고, 그 강점을 더욱 발전시켜 나가는 것이 진정한 행복으로 나아가는 현명한 길입니다. 즉, 사랑과 욕심, 그리고 이성적인 판단력을 모두 조화롭고 균형 있게 갖춘 삶을 추구해야 비로소 우리는 진정한 행복과 만족을 느낄 수 있습니다.

더 나은
삶을 위한 선택

억울함과 분노, 현명한 대처법

살아가면서 우리는 누구나 한 번쯤 억울한 일을 겪고, 분노에 휩싸이는 순간을 맞이합니다. 이럴 때 법정 싸움을 통해 옳고 그름을 명확히 가리고 싶은 강렬한 욕망이 끓어오를 수 있습니다. 하지만 과연 법적인 다툼이 언제나 최선의 해결책이 될 수 있을까요?

불극송(不克訟), 싸움을 피하고 화를 다스리는 지혜

불극송(不克訟)은 문자 그대로 '소송에 휘말리지 마라'는 뜻이지만, 그 의미는 단순히 법정 싸움을 피하라는 소극적인 권고를 넘어, 우리 삶 속의 모든 갈등 상황에서 화해와 공존을 위한 지혜로운 선택을 하라는 적극적인 메시지를 담고 있습니다. 특히 익명성이 보장되는 SNS 시대처럼, 무분별하게 쏟아지는 비난과 혐오의 말들이 난무하는 상황에서, 불극송의 가치는 더욱 빛을 발합니다.

싸움의 파괴력, 관계와 정신 건강의 위협

왜 우리는 싸움을 피해야 할까요? 싸움은 서로에게 깊은 상처를 남기고, 소중한 관계를 파괴할 뿐만 아니라, 우리의 정신적인 건강에도 심각한 고통을 초래합니다. 마치 거센 물줄기가 굳건한 바위와 부딪혀 아무런 결실 없이 힘만 소진하는 것처럼, 싸움은 본질적인 문제 해결에 전혀 도움이 되지 않습니다. 오히려 상황을 더욱 악화시키고, 감정의 골을 깊어지게 만들 수 있습니다.

오랜 세월 검증된 평화의 철학

불극송의 가치는 어디에서 비롯될까요? 불교의 '무소유(無所有)' 사상이나 유교의 '인(仁)' 사상에서도 불극송과 맥을 같이하는 가치를 찾아볼 수 있습니다. 이러한 동서양의 사상들은 오랜 역사 속에서 수많은 사람에게 평화롭고 조화로운 삶을 위한 지혜를 제공해 왔습니다.

조급함과 강함이 아닌 유연함과 지혜로움으로

성질이 지나치게 조급하고 강한 사람은, 항상 불안정한 마음으로 남과 시시비비를 가려 문제를 일으키기 쉽습니다. 이때, 만약 그 사람이 시비를 걸 상대방을 찾아보려 하지만, 그 주변에 아무도 응수할 사람이 없다면 어떻게 될까요?

마치 세찬 물줄기가 흘러가면서 양쪽 언덕의 바위와 부딪히는 상황을 상상해 봅시다. 아무리 강하게 부딪힌다 한들, 굳건한 바위를 결코 이길 수 없습니다. 반면에, 다른 한쪽은 흘러가는 물줄기에 순응하는 부드러운 흙이라면, 결국 흙은 물줄기의 흐름에 따라 순순히 물기를 내줄 수밖에 없는 상황에 처하게 됩니다. 즉, 상대가 되지 않는 것입니다.

결국, 우리가 취해야 할 유일한 방법은 부딪히고 싸우려는 마음을 버리고, 주어진 상황에 맞춰 자연스럽게 흘러가도록 내버려 두는 것입니다. 물론, 바위의 입장에서는 물줄기가 부딪혀 오는 것이 괴롭고 힘들 수 있고, 흙의 입장에서는 원치 않게 물을 내주어야 하는 상황이 달갑지 않을 수도 있습니다. 하지만 바위는 어떠한 상황에서도 흔들리지 않는 굳건함을 지니고 있으며, 흙은 물길을 마음대로 열어주는 유연함을 지니고 있으므로, 결국에는 큰 어려움 없이 상황에 적응할 수 있습니다.

삶의 모든 영역에 적용되는 불극송의 가치

불극송은 단순히 추상적인 이론이나 관념에 그치는 것이 아니라, 우리 삶의 모든 영역에서 실제로 실천해야 할 소중한 가치입니다. 가족 간의 사소한 다툼, 직장 내의 복잡한 갈등, 사회생활에서 겪는 다양한 문제 상황 등, 우리는 삶 속에서 수많은 갈등에 직면하게 됩니다. 바로 이러한 순간에 불극송의 자세를 유지한다면, 우리는 더욱 평화롭고 행복한 삶을 살아갈 수 있을 것입니다.

맹자의 가르침, 화합의 중요성

역사 속 위대한 현자들의 지혜를 살펴보면, 맹자(孟子)는 "백성을 사랑하는 마음이 있다면 결코 백성을 잃을 염려가 없다"라고 강조했습니다. 이는 곧 다른 사람들과의 관계를 소중히 여기고, 화합을 추구하는 것이 얼마나 중요한지를 우리에게 일깨워주는 가르침입니다. 맹자의 가르침은 시대를 초월하여 오늘날 우리에게도 여전히 깊은 울림을 줍니다.

결론:

결론적으로, 불극송(不克訟)은 단순히 싸움을 피하는 소극적인 태도를 넘어, 더 나은 삶을 위한 지혜로운 선택을 의미합니다. 서로를 존중하고 배려하는 마음을 바탕으로, 갈등을 지혜롭게 해결하고 화합을 추구하며 살아갈 때, 더욱 평화롭고 행복한 사회를 만들어갈 수 있습니다.

한 문장으로 이해하기

불극송(不克訟)은 싸움을 피하고 화를 다스려야 한다는 의미를 담고 있습니다. 싸움은 서로에게 깊은 상처를 주고, 소중한 관계를 파괴할 뿐만 아니라, 우리의 시간과 에너지를 헛되이 낭비하는 어리석은 행위입니다. 대신, 우리는 마음을 비우고 주어진 상황을 담담하게 받아들이며, 건설적인 대화를 통해 문제를 해결하려는 적극적인 노력을 기울여야 합니다. 세상은 다양한 사람들로 이루어져 있으며, 우리는 그들과 끊임없이 부딪히며 살아가야 합니다. 이때, 바위처럼 굳건하게 자신의 입장만 고집하기보다는, 흙처럼 유연하게 상황에 적응하며 지혜롭게 대처하는 것이 중요합니다.

공자의 가르침과
소송(訴訟)

소송의 어리석음, 화해의 지혜

"싸움은 누구에게도 득이 되지 않습니다. 화해가 최선의 해결책입니다."

우리는 살아가면서 불가피하게 다양한 갈등과 다툼을 경험할 수 있습니다. 때로는 작은 오해에서 시작된 사소한 다툼이 감정적인 격화 과정을 거쳐 심각한 소송으로까지 번지기도 합니다. 하지만 소송은 결코 우리에게 만족스러운 결과를 가져다주지 않습니다. 오히려 서로에게 깊은 상처를 남기고, 소중한 관계를 파괴하며, 회복하기 어려운 감정의 앙금을 쌓이게 할 수 있습니다. "소송은 중간에 그치면 길하다"는 격언은 바로 이러한 현실을 반영하는 깊이 있는 지혜를 담고 있습니다. 즉, 소송은 아예 시작하지 않는 것이 가장 이상적이지만, 이미 시작되었다면 서로 조금씩 양보하고 타협하여 조속히 화해하는 것이 현명한 선택이라는 의미입니다.

인생의 여정, 다양한 길 위에서

사람이 살아가는 길은 결코 평탄하지만은 않습니다. 인생의 여정에는 오르막과 내리막, 평탄함과 험난함이 번갈아 나타나며, 때로는 좋은 길을 만나기도 하고, 때로는 나쁜 길을 마주하기도 합니다. 이러한 변화무쌍함은 우리 눈에 보이지 않는 마음의 길에도 적용됩니다. 인생의 긴 여정뿐만 아니라, 지금 이 순간과 같은 짧은 시간 속에서도 우리는 끊임없이 선택의 기로에 서며 다양한 경험을 하게 됩니다. 그러므로 어떤 상황에서는 끝까지 나아가는 것이 최선일 수 있지만, 또 다른 상황에서는 중간쯤에서 멈추고 방향을 전환하는 것이 더 현명한 선택일 수도 있습니다. 그 대표적인 예가 바로 소송입니다.

소송의 본질, 그리고 그 폐해

 소송이란, 결국 어느 한쪽은 옳다고 주장하고, 다른 한쪽은 억지를 부리면서 자신의 주장을 강요하는 치열한 싸움입니다. 하늘은 모든 것을 알고 계시지만, 인간의 언어로 직접 말씀하시거나, 물리적인 힘으로 어느 한쪽의 손을 들어주시지는 않습니다. 따라서 옳고 그름을 객관적으로 분별해 주고, 정의를 실현해 줄 사람이 필요합니다. 이러한 역할을 수행하는 사람이 바로 판사입니다. 소송의 시작은 종종 먹고사는 문제, 즉 경제적인 어려움에서 비롯됩니다. 하지만 소송이 일단 시작되면, 서로에게 깊은 상처를 주고, 회복하기 어려운 감정의 골을 남기기 마련입니다. 소송을 끝까지 밀어붙일 때, 우리는 걷잡을 수 없는 아픔과 고통만을 얻게 됩니다. 그러므로 소송을 통해 얻을 수 있는 것은 거의 없으며, 오히려 많은 것을 잃게 됩니다. 결국, 법정 소송이 무조건적으로 옳다고 생각하기에 앞서, 적절한 선에서 타협하고 다툼을 중단하는 것이 훨씬 이롭습니다. 끝까지 싸우고자 하는 마음을 버리고, 서로 조금씩 양보하는 자세를 취한다면, "비 온 뒤에 땅이 굳어진다"는 격언처럼, 오히려 더욱 긍정적이고 발전적인 방향으로 나아갈 수 있습니다. 따라서 우리는 지혜로운 상담자를 만나 갈등 해결을 위한 조언을 구하는 것이 현명한 선택입니다.

공자의 간절한 염원, 무송(無訟)의 이상

공자(孔子)께서는 다음과 같이 간절하게 말씀하셨습니다.

子曰 聽訟吾猶人也 必也使無訟乎

자왈 청송오유인야 필야사무송호

"소송을 심리하는 것은 나 또한 다른 사람과 다를 바 없다. 다만 나는 반드시 송사가 일어나지 않도록 할 것이다."

즉, 공자(孔子)께서는 소송을 공정하게 처리하는 것보다, 애초에 소송이 발생하지 않도록 예방하는 데 더욱 큰 가치를 두셨습니다. 그 방법으로 덕치(德治)와 예교(禮敎)를 통해 백성들의 마음을 감화시켜야 한다고 강조하셨습니다. 위정자(爲政者)가 먼저 수신(修身)하고, 덕치(德治)를 실천함으로써, 거짓된 일로 인해 야기되는 불필요한 소송이 일어나지 않도록 해야 합니다. 그렇게 해야 대외민지(大畏民志:

크게 민심을 흔들지 않도록), 즉 온 국민이 법의 준엄함을 깨닫고, 스스로 자신의 행실을 올바르고 정직하게 가다듬는 실질적인 효과를 얻을 수 있다는 것입니다.

한 문장으로 이해하기

소송은 시작하면 끝이 좋지 않다는 의미에서 '소송은 중간에 그치면 길다'는 격언이 있습니다. 소송은 서로에게 깊은 상처를 주고, 소중한 시간과 돈을 낭비하게 할 뿐만 아니라, 관계 회복을 어렵게 만들어 결국 마음의 평화를 잃게 합니다. 따라서 소송보다는 건설적인 대화를 통해 문제를 해결하고, 서로의 입장을 이해하며, 필요하다면 제3자의 중재를 요청하거나, 넓은 마음으로 용서하는 것이 훨씬 더 바람직하고 현명한 선택입니다. 공자님께서도 다른 사람과 다투고 싸우기보다는, 예의를 갖추고 덕을 쌓으며 평화롭게 살아가는 삶을 강조하셨듯이, 우리 모두가 서로를 존중하고 배려하며 화합하는 아름다운 세상을 만들기 위해 노력해야 합니다.

공정함이 만들어내는
아름다운 세상

공정함의 중요성, 송원길(訟元吉)의 가르침

"모든 일을 공정하게 처리하면 좋은 결과를 얻을 수 있어요." 이 말은 단순한 이론에 그치지 않고, 우리 삶의 모든 영역에서 실천해야 할 중요한 가치입니다.

주역에서 말하는 송원길(訟元吉)이라는 말은 '소송에 있어서 가장 중요한 것은 공정함'이라는 뜻이지만, 더 나아가 '우리 삶의 모든 일에서 공정함을 추구해야 한다'는 심오한 의미를 담고 있습니다. 마치 정확한 눈금을 가진 저울의 양팔처럼, 우리는 모든 것을 정확하고 객관적으로 측정하듯, 모든 상황에서 공정한 시각을 유지해야 합니다.

송원길(訟元吉)은 원래 "소송을 제기하는 기본적인 원칙"이라는 뜻을 가지고 있지만, 그 안에 담긴 지혜는 공정하게 모든 일을 처리하면 결국 좋은 결과를 얻을 수 있다는 삶의 진리를 알려줍니다.

다양한 훌륭한 사람들, 공정함이라는 공통분모

세상에는 다양한 성향과 능력을 가진 훌륭한 사람들이 존재합니다. 착한 훌륭한 사람, 나쁜 훌륭한 사람, 똑똑한 훌륭한 사람 등, 그 모습은 천차만별입니다. 하지만 '송원길(訟元吉)'은 이러한 다양한 훌륭한 사람들이 각자의 위치에서 공평하고 정의롭게 행동하도록 이끌어주는 공통된 원칙입니다.

중정(中正)한 사람, 존경받는 삶의 기준

우리 사회에는 정말 다채로운 사람들이 함께 살아가고 있습니다. 하지만 진정으로 존경받는 사람은 누구일까요? 바로 공정하고 정직한 마음으로 세상을 살아가는 사람입니다. 이러한 사람을 우리는 '중정(中正)한 사람'이라고 부릅니다. '중정'이란 단순히 공정하다는 의미를 넘어, 모든 것에 대한 균형을 유지하고, 사심 없이 바른 판단을 내리는 고귀한 덕목을 의미합니다. 마치 원뿔의 꼭대기처럼, 어떤 상황에서도 흔들리지 않고 중심을 굳건히 잡는 강인함과 올바름을 상징합니다.

더 나은 사회를 위한 필수 덕목, 중정

이처럼 공정함, 더 나아가 중정(中正)은 단순한 개인의 미덕을 넘어, 더욱 정의롭고 행복한 사회를 만들기 위한 필수적인 요소입니다. 우리 모두가 '중정'의 가치를 마음 깊이 새기고, 삶 속에서 적극적으로 실천하여, 서로를 존중하고 신뢰하는 아름다운 세상을 함께 만들어 나가야 합니다.

공정함이 가져다주는 성공과 신뢰

이러한 지혜를 삶에 적용하면, 우리는 다른 사람들과

공정하게 소통하고 협력하며, 깊은 신뢰를 쌓아가며 함께 성장할 수 있습니다. 또한, 어떤 상황에 직면하더라도 공정하게 행동하면 결국 좋은 결과를 얻을 수 있다는 것을 기억해 두시면, 어려움을 극복하고 목표를 이루는 데 큰 도움이 될 것입니다.

한 문장으로 이해하기

중정(中正)은 단순히 일을 효율적으로 처리하고 문제를 능숙하게 해결하는 것을 넘어, 주변 사람들의 깊은 신뢰를 얻고, 나아가 사회 전체의 발전에 기여하는 매우 중요한 덕목입니다. 자신의 감정을 다스리고 객관적인 시각으로 판단하며, 모든 사람의 의견을 경청하고 법과 원칙을 준수하는 것이 바로 중정(中正)을 실천하는 지혜로운 방법입니다. 중정(中正)하기는 결코 쉬운 일은 아니지만, 진정으로 훌륭한 사람이라면 끊임없이 중정(中正)을 향해 나아가려는 노력을 멈추지 않아야 합니다. 중정을 통해 우리는 더욱 신뢰받는 사회를 만들고, 더 나은 미래를 건설할 수 있습니다.

| 출간후기 |

동아시아 철학의 시조(始祖),
주역(周易)에서 배우는 성공의 지혜

권선복(도서출판 행복에너지 대표이사)

 아주 오래전부터 인류의 스승들은 인간이라는 존재가 가진 본성은 무엇인지, 사람이 자기 자신뿐 아니라 주변의 다른 사람들, 나아가서 인류 전체의 발전에 이바지할 수 있는 삶이란 무엇인지에 대해서 끊임없이 사색하고 많은 이들에게 가르침을 전달해 왔습니다. 인류의 스승들이 남긴 이러한 가르침 중에서도 동아시아에서 가장 오래된 철학 경전으로 알려진 주역(周易), 그리고 그 뒤를 이은 성인들이 남긴 말들은 짧으면서도 우리 인생의 등불이 되어 줄 수 있는 보물 같은 내용입니다.

 이 책 『숨겨진 성공 비법』은 동아시아의 인류 스승들이 남긴 간결하면서도 인생의 핵을 관통하고 있는 명언들을 기반으로 하여 '성공적인 삶'이라는 이상향을 향해 나아가는 길목마다 길을 묻고, 넘어지고, 그러면서도 다시 일어나 걸으면서 그 길 위에서 발견한 삶의 지혜들을 모아 엮은 항해의 기록이자 뒤를 따라 걷는 이들을 위한 일종의 가이드북이라고 할 수 있을 것입니다.

첫 번째 닻을 올린 곳은 '성공적인 삶의 근본'을 주제로 하고 있으며 경이직내(敬以直內)와 후덕재물(厚德載物)의 가르침을 따라 마음의 그릇을 넓히는 것을 목표로 하고 있습니다. 두 번째 여정은 '삶의 장애물 극복과 자기 관리의 지혜'로서 살아가면서 마주하는 수많은 난관과 유혹, 그리고 스스로를 옭아매는 부정적인 생각들을 허심평기(虛心平氣)와 징분질욕(懲忿窒慾)의 의미를 통해 극복할 수 있도록 돕습니다. 세 번째 돛은 개인의 성취를 넘어 타인과 함께 성장하고 세상을 긍정적으로 변화시키는 리더십의 가치를 역지사지(易地思之)의 원리로 이해합니다. 마지막으로는 우주의 변화 원리를 담고 있는 동아시아에서 가장 오래된 철학 경전, 주역이 담고 있는 64괘의 다채로운 이야기로 삶의 방향성에 대한 통찰을 이야기합니다.

좋은 **원고**나 **출판 기획**이 있으신 분은 언제든지 **행복에너지**의 문을 두드려 주시기 바랍니다.
ksbdata@hanmail.net www.happybook.or.kr 문의 ☎ 010-3267-6277

'행복에너지'의 해피 대한민국 프로젝트!

<모교 책 보내기 운동> <군부대 책 보내기 운동>

한 권의 책은 한 사람의 인생을 바꾸는 힘을 가지고 있습니다. 한 사람의 인생이 바뀌면 한 나라의 국운이 바뀝니다. 그럼에도 불구하고 많은 학교의 도서관이 가난하며 나라를 지키는 군인들은 사회와 단절되어 자기계발을 하기 어렵습니다. 저희 행복에너지에서는 베스트셀러와 각종 기관에서 우수도서로 선정된 도서를 중심으로 <모교 책 보내기 운동>과 <군부대 책 보내기 운동>을 펼치고 있습니다. 책을 제공해 주시면 수요기관에서 감사장과 함께 기부금 영수증을 받을 수 있어 좋은 일에 따르는 적절한 세액 공제의 혜택도 뒤따르게 됩니다. 대한민국의 미래, 젊은이들에게 좋은 책을 보내주십시오. 독자 여러분의 자랑스러운 모교와 군부대에 보내진 한 권의 책은 더 크게 성장할 대한민국의 발판이 될 것입니다.